JN011638

VUCA時代をよりよく生きるための
キャリア形成と
コミュニケーションスキル

寿 マリコ

はじめに

　現代は，先進国を中心に長寿化や少子高齢化が進み，これまでになく一生のうちで人々の働く期間が長くなっています。また，グローバリゼーションやAIなどのテクノロジーの急速な変化が経済に大きな影響を与えています。さらに，地球温暖化による気候変動，干ばつや洪水などの自然災害，新型コロナウイルスの流行など，私たちはいつ何が起きるかわからないリスクにさらされています。このような社会を表す言葉として，変動性（Volatility），不確実性（Uncertainty），複雑性（Complexity），曖昧性（Ambiguity）という4つの頭文字からつけられた「VUCA」という言葉が知られています。VUCAに表される現代は，私たちを取り巻く社会環境の変化するスピードが年々速くなっています。テクノロジーの飛躍的進歩で既存の技術が通用しなくなったり，ビジネスモデルの短命化で中長期的な計画が無駄になったりなど，先行きが不透明で将来の予測が困難になっているのです。

　これらのことは，これまで「正解」とされてきたことや「当たり前」とされてきた価値観が通用しなくなっていることを意味します。日本では，個人のキャリア形成は就職先で，その組織が引いたレールに沿って育成されるというのが一般的でした。つまり，キャリア形成は組織にゆだねられていたわけです。ところが，近年は終身雇用制度が崩壊しつつあり，多くの人が転職を余儀なくされる時代になっています。いま私たちに求められるのは，自分の人生を自らが考え，自分で切り開き，自分のキャリアを自分で決めていくことです。正解がなく将来が見通せない時代であっても，チャレンジ精神を持って行動し，そこで得た経験を振り返り，前へ進んでいくことは可能です。

　本書では，自らの力でキャリア形成していくために必要な知識とスキルについて，第1部の「キャリア形成に向けて」と第2部の「コミュニケーションスキル」の2部構成としました。

企業の事業環境が激変している現在，付加価値が資本から人へ移行しているといわれます。これは，一人一人が持っている価値観や能力，特性を新たな資本だとする考え方です。第1部の「キャリア形成に向けて」では，VUCA時代の現状を踏まえ，第1章でVUCA時代に必要な力となる要素を示しています。第2章では，みなさんが今後のキャリアを考えていく際のヒントとして活用できるキャリア理論を取り上げました。第3章と第4章では，キャリア選択に必要な自己分析と仕事に関する知識についてまとめています。

　第2部の「コミュニケーションスキル」では，言語によるコミュニケーションだけでなく，表情やしぐさ，振る舞いなどの非言語のコミュニケーションまでをフォローしています。第5章では，多様な人とコラボレーションしていくために必要なコミュニケーションの知識とスキルを解説しています。第6章は，コミュニケーションの場面で重要となる話の聴き方と話し方についての章としました。次の第7章は，自分の主張を的確に伝えるためのプレゼンテーションスキルについて解説しています。第8章は，多様な人とのコミュニケーションのベースとなるビジネスマナーについての内容としました。第9章は，働き方の多様化により，リアルな対面以外でのコミュニケーションの機会が増えていることから，オンラインコミュニケーションについて解説しました。特に近年では，ソフトスキルとしてコミュニケーション力が重視されています。社会環境が変わろうとも，さまざまな場面で対応できるコミュニケーションスキルを身につけていただければありがたいです。

　VUCA時代には，自分の価値観に沿った自分軸を持ち，学びや体験などの自己成長を通して，自分のキャリアを自らが築いていく主体性を持つことがとても重要です。そのためのきっかけとして，本書がみなさんの自分らしいキャリアを選択していくための一助になれば幸いです。

寿マリコ

●目次

I
キャリア形成に向けて

第1章

VUCA 時代をよりよく生きるために必要な力

1 | これからの社会で求められる能力

❁ VUCA に表される現代社会

VUCA とは，変動性（Volatility），不確実性（Uncertainty），複雑性（Complexity），曖昧性（Ambiguity）という意味の4つの頭文字からつけられた言葉です。もともとはアメリカ陸軍が用いた言葉でしたが，2016 年に開催された世界経済フォーラムで「VUCA World」という言葉が使われ，ビジネス界で定着していきました。この言葉が意味するように，現代は複雑かつ不確実で先が見通せない時代といわれています。テクノロジーの急速な変化により，過去に蓄積した技術が通用しなくなったり，ビジネスモデルの短命化で組織の統廃合などにより仕事を失ったり，転職を余儀なくされたりすることが誰にでも起こり得るのです。

時代が大きく変化している中で，みなさんも「将来は AI が人間の代わりに仕事をするようになる」という話を聴いたことがあるのではないでしょうか。2013 年のオックスフォード大学の M. A. オズボーンらの

調査によると，20年後にはアメリカで働く約半数近くの人が，人工知能に代替されるという結果が導き出されています。この予測データの通りに進んでいくかどうかわかりませんが，少なくとも「AIやロボットと共存していかなければならない時代である」ことには疑いがないのですから，時代の変化に対応できる力を高めていくことが必要となります。では，VUCA時代といわれる現代には，どのようなことが個人に求められるのでしょうか。現代に何が求められているのか，次に見ていきましょう。

🌀 キャリアとは

VUCA時代には，自分の人生を自らが考え自分で切り開き，キャリアを自分で決めていくことが求められます。みなさんは，自分のキャリアについて考えることはあるでしょうか？　20年後，30年後，さらに40年後の自分を想像することができますか？　自分のキャリアを考えることは，かけがえのない自分の人生に向き合うことでもあります。

キャリアとは，ラテン語の「carrus（車輪のついた乗り物）」，または車輪が通った跡を意味する「carraria（轍）」を語源とします。車輪の跡をたどると，その乗り物がどんな道を通ってきたのかわかりますよね。このように，キャリアとはその人の歩んできた道のりとしてイメージすることができます。

キャリアの定義については統一されたものはなく，多くの定義が存在します。その中で，厚生労働省は「キャリア形成を支援する労働市場政策研究会」の報告書で，キャリアの定義を「一般に経歴，経験，発展さらには，関連した職務の連鎖等と表現され，時間的持続性ないし継続性を持った概念として捉えられる」としています。また，キャリア形成については，上記を前提に「個人が職業能力を作り上げていくこと，すなわち，関連した職務経験の連鎖を通して職業能力を形成していくこと」としています。このように，厚生労働省のキャリアの定義では，職務と

いう言葉が出てきています。また，キャリア形成については職務経験の連鎖という文言で表されています。人生を考えた時に，自分がどんな職業に就くかということはとても大切です。当然のことながら，仕事は人生の中で多くの時間を費やすことになり，自分が選択した職業や働き方によって将来の生活環境や人間関係に影響を及ぼします。

VUCA時代といわれる現代では，終身雇用の崩壊や多様な働き方の台頭，転職が当たり前になりつつあるなど，働く環境が大きく変化しています。「人生100年時代」という言葉を聞いたことがある人もいるでしょう。人生100年時代とは，L.グラットンの著書『LIFE SHIFT』がきっかけで広く知られるようになった言葉です。平均寿命が延び高齢化社会となった現代では，長期にわたって働くことが前提となり，70歳まで働くこともめずらしくありません。2021年4月に「改正高年齢者雇用安定法」が施行され，事業主は70歳までの就業確保措置を講じることが努力義務となりました。

みなさんは，70歳まで働く時代と聞いてどう思いましたか？「70歳といわれても，あまりにも先のことでピンとこない」と思ったかもしれませんが，このことはみなさんが自分の祖父母の年齢になるまで働かなければならない可能性を意味します。しかも，変化のスピードが年々激しくなっている時代においてです。

時代の変化に対応していくには，人任せではなく自分自身で主体的に行動していくことが大変重要です。自らの人生において満足できる働き方をしていくために，働く環境が変化しても対応できる自分の軸を持つことが，充実したキャリアを築いていくことに繋がります。そのために，キャリア形成について自分でしっかりと考えることが不可欠なのです。

◎自律型キャリアへの意識改革

日本におけるこれまでのキャリア形成は，企業に就職した場合，終身雇用の中で企業が提示したキャリアプランに沿って育成され，必要な知

識やスキルを持たせていくという，組織主導で行われていくものでした。これは，かつて日本の経済が成長期にあり，企業も雇用の保証ができていたため成り立っていたことです。しかし，現在は企業を取り巻く環境が大きく変わり，大手企業でさえ従来の雇用形態を保証することが困難な状況になっています。そのため，従来のような組織に依存した企業型キャリアではなく，個人が自分自身でキャリアを形成していく自律型キャリアが重要になってきたのです。自律型キャリアについては，1990年代以降になって産業界を取り巻く環境変化から，バウンダリーレス・キャリア（boundaryless career）という，組織主導ではなく個人の価値観を優先した新しいキャリアが提唱されました（Arthur and Rousseau 1996）。また，D. T. ホールは，キャリアの主体は組織ではなく個人にあり，環境変化に対応して個人が主体的に「変幻自在」に方向転換するプロティアン・キャリア（protean career）を提唱しました（Hall 2002）。組織が主となって行われてきた従来の伝統的キャリアとは異なり，キャリア形成は個人の意志によって行われ，変化に対して自発的に行動することでの心理的成功が重視されています。

　自律型キャリアの推進については，個人だけでなく企業側の働きかけも必要です。自律型キャリア形成を重視した人事制度として，社内で人材を必要とする部署が募集し，社員が自発的にその部署に応募する「社内公募制度」，社員から希望する部署を指定できる「社内FA制度」，社員が関わった業績を自己申告し，キャリア形成の意向や異動の希望を申告する「自己申告制度」，社内でベンチャー企業をつくる「社内ベンチャー制度」などがあげられます。また，新たなスキルの獲得などを目的とした学びの取り組みとして，リスキリングが注目されています。このような企業の取り組みは，いずれも個人の希望と自発性を重視した方策となっており，個人が主体的に行動を起こさなければ成り立たないものです。

　企業を取り巻く環境が大きく変わってきた現在の状況では，自分が望むキャリアの実現のために，まず一人一人が自律型キャリアへの意識を

持つことが重要であるといえるのです。

🌀イントラパーソナル・ダイバーシティの重要性

　現代の日本では，従来のホモジニアスな社会からヘテロジニアスな社会へと移行しており，多種多様な人と協働しながら仕事をしていくことが当たり前の社会となっています。これからは，一人一人が自分と異なる属性の人を尊重して受け入れられる，イントラパーソナル・ダイバーシティが重要になってきます。イントラパーソナル・ダイバーシティとは，個々の人の内部で養われる多様性を意味します。これに対してインターパーソナル・ダイバーシティとは，人と人の間の多様性のことです。

　経済産業省は企業のダイバーシティについて「多様な人材を生かし，その能力が最大限発揮できる機会を提供することで，イノベーションを生み出し，価値創造につなげている経営」と定義し，「多様な人材とは，性別，年齢，人種や国籍，障害の有無，性的志向，宗教・信条，価値観の多様性だけでなく，キャリアや経験，働き方などの多様性も含む」としています。

　企業がダイバーシティの取り組みを推進していくことは，イノベーションを生み出す効果があるとされます。しかし，社員が自分と異なる属性を尊重する意思がなく，同じ価値観の人だけしか受け入れないというのでは，イノベーションの創出は望めません。イノベーションという概念は，J. A. シュンペーターが1912年に執筆し1926年に改訂出版した『経済発展の理論』の中で，「新結合（new combination）」という言葉を用いたことにはじまります。シュンペーターはイノベーションについて，前例のない革新的な商品やサービスを開発するプロダクト・イノベーション，前例のない新たな生産方法や流通方法を導入するプロセス・イノベーション，従来と異なる新たな市場を開拓するマーケット・イノベーション，商品製造のための原材料の調達や供給のルートを開拓するサプライチェーン・イノベーション，組織改革し業界に対する影響力を

強めるオーガニゼーション・イノベーションの5つがあるとしています。

　企業がイノベーションを進めるためには，ダイバーシティ化は不可欠です。特に，イントラパーソナル・ダイバーシティが推進されなければ，新たな価値が創出されにくい状況に陥ってしまいがちです。たとえば，多様な価値観を受け入れるという個人の意思がないと「これは男性にしかできない仕事」「これは女性の方が得意な部門」といった個々の思い込みや偏見で，イノベーションの実現が妨げられることになるからです。

　イントラパーソナル・ダイバーシティを持ち合わせている人とは，他者の価値観や属性を受け入れる能力があるということです。イントラパーソナル・ダイバーシティが獲得できている人は，企業がイノベーション創出に向けて必要とする人材なのです。

❷ VUCA 時代に求められるΠ型・H型・工型人材

　イノベーションの促進が必要な現代では，人材に求められる用件も大きく変化しています。前述した，イントラパーソナル・ダイバーシティに加え，価値を生み出す創造性のある人材が求められています。8ページの図1に示した6つの型において，横軸は幅広い領域への関心の幅を示し，縦軸は専門分野への知識や技能の深さを表します。

　これまで，企業で働く人は終身雇用で長期に雇用される中で，配置転換によって多くの職種を経験し幅広い知識を得た一型の人材と，研究開発や技術職といった専門分野に精通したI型の人材が重視されていました。その後，両方を併せ持つT型の人材が必要とされましたが，イノベーションの推進が求められる企業では，新しい価値を生み出すことができる人材が求められています。

　一型はゼネラリスト，I型はスペシャリストと呼ばれる人です。T型はシングル・メジャーと呼ばれ一型とI型の両方を併せ持ちます。Π型はT型に加え，さらにもう一つの専門分野を持つ人のことでダブル・メジャーと呼ばれます。近年では，社員の副業や兼業を認める企業が多

くなっており，今後ますますこのような企業は増えていくと考えられます。本業の専門性にプラスして，副業や兼業での専門性を深めていき，両方を融合することで，新たな価値を生み出せる可能性が高まります。また，特技や趣味などから専門性を深めていくことも可能です。H型とは，自分の専門性と別の専門性を持った他者と繋がりを持つことです。H型のIとIを繋ぐ真ん中の部分は，ストラクチャーホールと呼ばれます。新たに人と人を繋げることで，多様な専門性を組み合わせることができるため可能性が広がります。さらに，経済産業省が提唱している「人生100年時代の社会人基礎力」では，社会人基礎力はすべての年代を通して意識すべき能力であるとして，今後はこの能力を土台にT型を組み合わせた工型の人材育成が必要だとしています。人生100年時代の社会人基礎力については，2節で解説しています。

　これからの時代は，一型やI型，T型のみならずΠ型やH形，工型を念頭に置き，ライフステージに応じて自分に合ったやり方で，自分から進んで学びを続けていくことが必要です。ボランティア活動やインターンシップ，コミュニティ，趣味の活動などを通して多くの人と出会う機会をつくるのもよいでしょう。また，さまざまな分野の本を読み，外からの情報をどんどん取り入れることもおすすめです。多様な価値観に触れることが多様性を育み，充実したキャリア形成に役立っていくでしょう。

一型　　　I型　　　T型　　　Π型　　　H型　　　工型

図1　人材の6つの型　（出所）筆者作成

2 変化に対応できる基盤となる力

◎エンプロイアビリティ

　産業環境の変化や超高齢化社会，グローバル化の進展などにより，企業が必要としている人材は大幅に変化しています。エンプロイアビリティ（employability）とは，現在働いている企業から他への労働移動を可能にする能力，雇用される能力，雇用され続ける能力を意味する概念です。もともとは1980年代にアメリカ合衆国で生まれた概念ですが，日本におけるエンプロイアビリティは，1999年に日本経営者団体連盟教育特別委員会がまとめた報告書を契機に広く浸透していきました。

　欧米のエンプロイアビリティは，労働移動を可能にする能力を主としてきましたが，日本のエンプロイアビリティは，就職した組織で雇用され続ける能力が重んじられてきました。その理由は，当時の日本企業が終身雇用制度を採用しており，労働者側も転職するというよりは，一度就職した組織で定年まで勤める人がほとんどを占めていたからです。現在でも日本型エンプロイアビリティは，労働移動を可能にする能力だけでなく，就職した組織で雇用され続ける能力が重視されています。

　近年のグローバル化やテクノロジーの進展，人生100年時代といわれる高齢化社会などにより雇用環境が著しく変化したことから，エンプロイアビリティにあらためて注目が集まっています。エンプロイアビリティには多様な側面がありますが，個人的な側面の要素として仕事に必要な専門的な知識やスキル，各種の資格，仕事への適性や意欲，困難な状況に適応できるレジリエンス，マネジメント力，コミュニケーション力などがあります。

　厚生労働省の「エンプロイアビリティの判断基準等に関する調査研究報告書」(2001)では，労働者個人の基本的能力として次のA，B，Cに分類しています。図2は基本的能力を示したものです。

A：職務遂行に必要となる特定の知識・技能などの顕在的なもの
B：協調性, 積極的等, 職務遂行にあたり, 各個人が保持している思考特性や行動特性に係るもの
C：動機, 人柄, 性格, 信念, 価値観等の潜在的な個人的属性に関するもの

（出所）厚生労働省「エンプロイアビリティの判断基準等に関する調査研究報告書」（2001）より

　労働者のエンプロイアビリティを評価する側から見て, Aは外から見てわかる技能やスキル, 資格のことで, 評価が比較的しやすい部分です。Bの個人の思考特性や行動特性などは外から見えにくい内面的な部分ですが, 仕事を進めるうえで判断力や協調性などとなって見える形で表れてくる部分です。Cは個人の潜在的な性格などの特性で, 外から見えにくく評価が困難な部分です。厚生労働省は, AとBで評価基準を定めるのがよいとしています。これを労働者側から見ると, AとBが評価の対象ということになります。

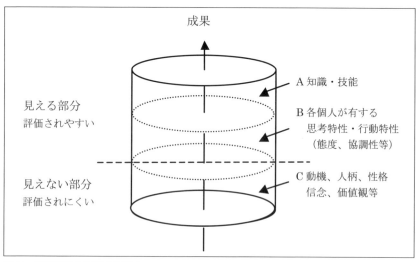

図2　労働者個人の基本的能力
（出所）厚生労働省「エンプロイアビリティの判断基準等に関する調査研究報告書」（2001）を参考に筆者が作成

スキルや資格は，目に見えやすく評価されやすいといえますが，変化が著しい状況下ではスキルや資格を一度取得しておけば必ず雇用に繋がり，その後も雇用され続けるとは限りません。医師や弁護士，看護師など，特定の仕事を獲得するために必ず必要になる業務独占資格といわれるものは，比較的安定したエンプロイアビリティといえますが，グローバル化や IT 化などの影響で，現在の労働市場はスキルや資格などの使用期間が短期化しており，労働移動した際に使えない可能性も生じます。今後，このような状況は往々にしてあると考えられるため，労働市場の状況と雇用されるためのスキルや資格のニーズを把握しながら，常に自分自身でアップデートしてエンプロイアビリティを高めていく必要があります。また，自分が望む職業や仕事が将来的にどれぐらいのニーズがあるか，労働市場の知識も必要になるでしょう。

◎人生 100 年時代の社会人基礎力

　エンプロイアビリティは，経済産業省では社会人基礎力と呼ばれている概念です。社会人基礎力とは，2006 年に経済産業省が「職場や地域社会で多様な人々と仕事をしていくために必要な基礎的な力」として「前に踏み出す力（アクション）」「考え抜く力（シンキング）」「チームで働く力（チームワーク）」の 3 つの能力と，「主体性」「働きかけ力」「実行力」「課題発見力」「計画力」「創造力」「発信力」「傾聴力」「柔軟性」「状況把握力」「規律性」「ストレスコントロール力」の 12 の能力要素を定義しました（図 3）。

　経済産業省は「我が国産業における人材力強化に向けた研究会」(2018)で，社会人基礎力を「人材としての基盤 =OS」と位置づけ「自分の能力を発揮するための基盤の強化がこれまで以上に必要となってきている」と述べています。OS とは，パソコンのシステム全般を管理し，アプリを動かす基盤のことです。パソコンにとって OS が重要であるように，社会人にとって社会人基礎力の強化が重要であるとしています。

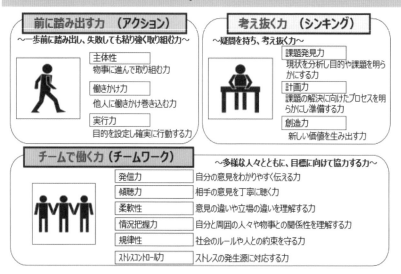

経済産業省が主催した有識者会議により**職場や地域社会で多様な人々と仕事をしていくために必要な基礎的な力を社会人基礎力（＝３つの能力・12の能力要素）**」として定義。

前に踏み出す力　（アクション）
〜一歩前に踏み出し、失敗しても粘り強く取り組む力〜

主体性
物事に進んで取り組む力

働きかけ力
他人に働きかけ巻き込む力

実行力
目的を設定し確実に行動する力

考え抜く力　（シンキング）
〜疑問を持ち、考え抜く力〜

課題発見力
現状を分析し目的や課題を明らかにする力

計画力
課題の解決に向けたプロセスを明らかにし準備する力

創造力
新しい価値を生み出す力

チームで働く力（チームワーク）
〜多様な人々とともに、目標に向けて協力する力〜

発信力　自分の意見をわかりやすく伝える力
傾聴力　相手の意見を丁寧に聴く力
柔軟性　意見の違いや立場の違いを理解する力
情況把握力　自分と周囲の人々や物事との関係性を理解する力
規律性　社会のルールや人との約束を守る力
ストレスコントロール力　ストレスの発生源に対応する力

図３　経済産業省「社会人基礎力」　（出所）経済産業省ホームページ

　みなさんの中には，社会人基礎力について「大学のキャリアの授業で学んだことがある」とか，「内容は詳しく知らないけれど，社会人基礎力という言葉は聞いたことがある」という人が多いと思います。働き方の多様化が進む中で，社会人基礎力はあらゆる社会人に求められている能力です。

　自分に社会人基礎力あるかどうかについて，社会人基礎力・ワークシートを使って自己評価してみましょう。社会人基礎力の３つの能力の12の能力要素について，現在の自分を振り返り「ある」は○を，「少しある」は△を，「ない」または「ほとんどない」は×をつけてみてください。自分が獲得できている力と，そうでない力に気づくことができると，今後どんな力をつけていけばよいかという課題が見えてきます。

社会人基礎力・ワークシート

> 自分を振り返り「ある」は○を，「少しある」は△を，「ない」または「ほとんどない」は×をつけて自己評価してみてください。

3つの能力	12の能力要素	評価
前に踏み出す力 （アクション）	［主体性］ 物事に進んで取り組む力	
	［働きかけ力］ 他人に働きかけ巻き込む力	
	［実行力］ 目的を設定し確実に行動する力	
考え抜く力 （シンキング）	［課題発見力］ 現状を分析し目的や課題を明らかにする力	
	［計画力］ 課題の解決に向けたプロセスを明らかにし準備する力	
	［創造力］ 新しい価値を生み出す力	
チームで働く力 （チームワーク）	［発信力］ 自分の意見をわかりやすく伝える力	
	［傾聴力］ 相手の意見を丁寧に聴く力	
	［柔軟性］ 意見の違いや立場の違いを理解する力	
	［状況把握力］ 自分と周囲の人々や物事との関係性を理解する力	
	［規律性］ 社会のルールや人との約束を守る力	
	［ストレスコントロール力］ ストレスの発生源に対応する力	

（出所）経済産業省ホームページを参考に筆者が作成

人生100年時代の社会人基礎力は，2017年に「社会人基礎力」が再検討され，社会人基礎力の3つの能力と12の能力要素に加え，新たに「何を学ぶか」「どのように学ぶか」「どう活躍するか」という3つの視点が加えられた概念です（図4）。新たに加えられた3つの視点では，個人がキャリア意識を持って何を学ぶのかを考え，多様な資源から自分に合った学び方を選び，学んだことをどう使って活躍していくかという点が重要視されています。

　人生100年時代の社会人基礎力では，時代の変化に対応していくために「働くこと」と「学び」の一体化が必要であるとしています。これからの時代は，社会人になって間もない時だけでなく，自分のライフステージの各段階に応じて学びを続けていくことが大切です。

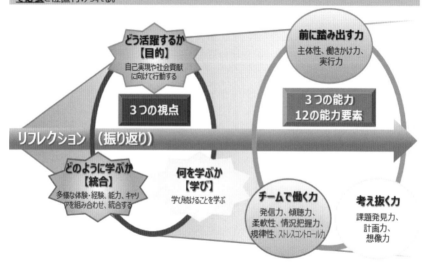

図4　経済産業省「人生100年時代の社会人基礎力」　（出所）経済産業省ホームページ

❁レジリエンス

　時代の変化にともない，近年では誰でもが仕事を失ったり，転職を余儀なくされたりする可能性は否めません。また，採用された後に自分が思っていたのとは全く違う部署に配属されるなど，理想と現実とのギャップで仕事への意欲を失うことがあるかもしれません。困難に遭遇した時は先が見通せず，誰でも苦しい気持ちになるものですが，そのような時に，危機を克服する力として近年注目されているのがレジリエンスです。レジリエンスにはさまざまな定義がありますが「困難や脅威的な状況にもかかわらず，上手く適応する過程・能力・結果」(Masten, Best & Garmezy 1990)，また「避けられない逆境に直面し，それを対処して克服し，その経験の学びにより変容される，全般的な人の能力」(Grotberg 2003) などとして理解されます。

　大学生の就職活動とレジリエンスについて検討した研究では，就職活動への積極性や内定率とレジリエンスに関連性があることが報告されています (高階 2015)。また海外の研究では，失業して長期に就職活動をしている人でも，レジリエンスが高い場合はうつ状態になることが少ないこと，就職活動への積極性が高いことが示唆されています (Moorhouse & Caltabiano 2007)。レジリエンスをキャリア形成の視点から検討し「不安定な社会の中で自らのキャリアを築き続ける力」と定義しているライフキャリア・レジリエンスでは，楽観的思考はライフキャリア・レジリエンスを高める一つと考えられています (高橋・石津・森田 2015)。

　臨床心理学者の A. エリスは ABC 理論で，出来事そのもので個人の感情が生じるのではなく，個人の捉え方の結果で感情が引き起ると説明しています。現状を楽観的に捉えるか，悲観的に捉えるかでその後の行動が変わり自分の未来が変わります。マイナスだと思っていることでも，別の部分に目を向けるとプラスに捉えることができます。

　視点を変えてマイナスをプラスの意味に変える技法として，リフレーミングがあります。これはブリーフセラピーなどで用いられている技法

の一つで，ネガティブなものごとの見方や考え方のフレーム（枠組み）を変えて，同じ事実であっても別のポジティブな意味に変える手法です。

リフレーミングでよくたとえられるのが，グラスに水が半分入っているとして，このグラスの水を「多いと捉える」か「少ないと捉える」かというものです。グラスの水を「もう半分しかない」と捉える人と「まだ半分もある」と捉える人とでは，同じ水の量でも全く異なる評価がされています。起こった出来事は変えられない事実ですから，それを肯定的に捉え，今後にどう生かしていくかが大切なのです。

以下のワークは，心理学者の M. セリグマンが提唱した「Three Good Things」です。寝る前に今日の出来事でよかったことを3つ書き出してみてください。ポジティブなことに意識を向ける習慣が身につくと，ものごとを楽観的に捉えることができるようになるでしょう。

「Three Good Things」

今日の出来事でよかったことを思い出して3つ書き出します。例にあるようなちょっとしたことでも OK です。まずは1週間実践してみましょう。

日付	よい出来事	日付	よい出来事
（例）○／○	寝起きがよかった	／	
	ランチが美味しかった		
	今日はいい天気だった		
／		／	
／		／	
／		／	

第2章

キャリアに関する考え方

　キャリアに関する考え方については，F.パーソンズがまとめた著書『Choosing a Vocation（職業の選択）』(1909) の中で，個人の適性や価値観などの特性と，仕事をするうえで必要な要件をマッチングさせることに主眼を置いた，特定因子理論のベースとなる考えを提唱したことがはじまりだといわれています。その後，発達段階を通してキャリアが捉えられるようになりました。D.E.スーパーは，キャリア発達に関する理論を14の命題としてまとめています。キャリアについては多くの研究が重ねられてきましたが，定義として統一的なものはなく，さまざまな学問分野から見た理論が存在します。

　ここでは，学問としてキャリア理論を学ぶ主旨ではないため詳細に解説しませんが，キャリア理論を知ることは，みなさんが今後のキャリアを形成していく時に示唆を与えてくれるものと考えられます。このような理由から，この章では代表的なキャリア理論の概要を紹介しています。また，代表的なキャリア理論のうち，2節では先行きが不透明といわれる VUCA 時代に参考にできるキャリア理論を取り上げていますので，キャリアを考えていく際のヒントとして活用してみてください。

この章の最後に，参考資料としてそれぞれの提唱者の著書を一覧（表7）にしています。キャリア理論に興味がある人は，そちらも参考にしてみてください。

1 | 代表的なキャリア理論

❦ D. E. スーパーの理論

D. E. スーパーは，1934 年から 60 年間にわたりキャリア発達の研究に尽力してきました。スーパーの理論では，自己概念がキーワードとなります。自己概念とは「自分は何を大切にしているか」「自分は何が好きか」など，自分はどんな人間かというセルフイメージのことです。自己概念は，ある事柄にプラスのことが起こるとそのことに対して高い自己概念を持ち，逆にマイナスのことが起こるとそのことに対して低い自己概念を持つことになります。自己概念のうち，仕事に関することを職業的自己概念といい，職業を選択したり適応したりする過程で変化していくことを職業的発達といいます。

スーパーは，キャリアを以下の基準で捉えています。人には「子ども」「学生」「余暇人」「市民」「労働者」「家庭人」などという役割としてのライフロールがあり，「成長期」「探索期」「確立期」「維持期」「下降期」という 5 つの段階であるマキシサイクル（表1）と呼ばれるライフ・ステージが存在するとしています。このような要因が組み合わされて，キャリアが積み重ねられていくことを虹にたとえて表現したことから，ライフ・キャリア・レインボー（図5）と呼ばれています。

ライフ・キャリア・レインボーで示した役割は，独立したものではなく相互に影響し合っています。たとえば大学生は，学生であると同時に，親から見ると子どもでもあります。また，仕事をしている人は，労働者であると同時に市民や家庭人であるなど，それぞれ多くの役割を併せ持っています。役割は一生のうちで変化します。その役割が大きい時も

あれば，次第に小さくなっていく時もあります。

　スーパーは，1953 年にキャリア発達の研究で得られた知見を 10 の命題として発表，最終的に 1990 年に 14 の命題（表2）を発表し，集大成としてキャリア発達の理論的なアプローチを明確化しています。

表1　マキシサイクル

段階	年代	課題
1期　成長期	0〜15歳	身体的な成長や自己概念の形成が中心となります。
2期　探索期	16〜25歳	さまざまな仕事に必要な要件を知り，必要な訓練を受け，現実的な探索を通して仕事の選択を行います。
3期　確立期	26〜45歳	特定の仕事に就き，その分野に貢献し責任ある地位を求めます。
4期　維持期	46〜65歳	職業的地位を維持しながら新しいスキルを身につけていきます。維持期の終わりには，退職の計画を立てます。
5期　下降期（衰退期，解放期）	66歳以降	66 歳以降 仕事から引退し，家族や地域活動，趣味など新しいライフスタイルをはじめていきます。

（出所）各種の資料より筆者が作成

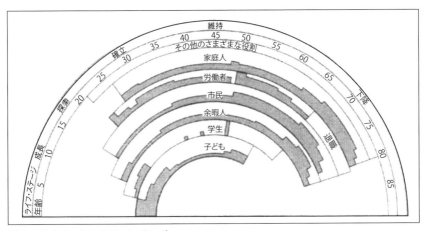

図5　ライフ・キャリア・レインボー
（出所）Super,D.E.(1984) "Career choice and life development," In D.Brown & L.Brooks(Eds.),*Career choice and development*,San Francisco,CA;Jossey-Bass. を参考に各種の資料より筆者が作成

表2　14の命題

1	人はパーソナリティの諸側面（欲求，価値，興味，特性，自己概念）および能力において違いがある。
2	これらの特性から見て，人はおのおの多くの種類の職業に対して適合性を示す。
3	それぞれの職業には，必要とされる能力やパーソナリティ特性の独自のパターンがある。職業についている人に多様性が見られるように，個人も多様な職業に就く許容性を有している。
4	職業に対する好みやコンピテンシー，生活や仕事をする状況は，時間や経験とともに変化し，それゆえ自己概念も変化していく。このような社会的学習の成果としての自己概念は，選択と適応において連続性を提供しながら青年期後期から晩年にかけて安定性を増していく。
5	自己概念が変化していくこのプロセスは，成長，探索，確立，維持，解放の連続としてみなされた一連のライフ・ステージ（マキシ・サイクル）に集約され，また発達段階によって特徴づけられた期間へ細分化されうる。ミニ・サイクルは，あるステージから次のステージへキャリアが移行する時に起こる。または病気や障害，雇用主による人員削減，必要な人的資源の社会的変化，または社会経済的ないしは個人的出来事によって，個人のキャリアが不安定になるたびに起こる。このような不安定で試行錯誤に富むキャリアには，新たな成長，再探索，再確立といった再循環（リサイクル）が含まれる。
6	キャリア・パターンとは，到達した職業レベルである。また試したものであれ安定したものであれ，経験した職務に従事した順序，頻度，期間を意味する。キャリア・パターンの性質は，各個人の親の社会経済レベル，本人の知的能力（mental ability），教育レベル，スキル，パーソナリティの特徴（欲求，価値，興味，自己概念），キャリア成熟，および個人に与えられた機会によって決定される。
7	どのライフ・ステージにおいても，環境と個体の要求にうまく対処できるかどうかは，これらの要求に対処する個人のレディネス（対処するために個人がどの程度準備できているか，すなわち，キャリア成熟）の程度による。
8	キャリア成熟は，心理社会的構成概念であり，それは成長から解放までのライフ・ステージおよびサブ・ステージの一連の職業的発達を意味する。社会的視点からは，キャリア成熟は，個人の暦年齢に基づいて期待される発達課題と，実際に遭遇している発達課題とを比較することによって操作的に定義できる。心理学的視点からは，現在遭遇している発達課題を達成するために必要な認知的・情緒的資源と，個人が現在持っている認知的・情緒的資源とを比較することにより操作的に定義できる。
9	ライフ・ステージの各段階を通しての発達は，部分的には能力，興味，対処行動を成熟させること，また部分的には現実吟味や自己概念の発達を促進することによって導かれる。
10	キャリア発達とは，職業的自己概念を発達させ実現していくプロセスである。キャリア発達のプロセスは統合と妥協のプロセスであり，そのなかで，生まれ持った適性，身体的特徴，様々な役割を観察したり担ったりする機会，役割をこなした結果を上司や仲間がどの程度承認しているかの自己認識との間の相互作用によって自己概念は作られる。
11	個人要因と社会要因間および自己概念と現実間の統合と妥協とは，役割を演じ，フィード・バックを受けるなかで学習することである。その役割は空想やカウンセリング面接で演じられる場合もあれば，クラス，クラブ，アルバイト，就職といった現実生活で演じられる場合もある。
12	職業満足や生活上の満足は，個人の能力，欲求，価値，興味，パーソナリティ特性，自己概念を適切に表現する場をどの程度見つけるかによって決まる。満足感は，人がその役割をとおして成長し，探索的な経験を積み，自分にとって合っていると感じられるような類の仕事，仕事の状況，生活様式に身をおいているかどうかに拠る。
13	仕事から獲得する満足の度合いは，自己概念を具現化できた程度に比例する。
14	仕事と職業は，たいていの人にとってパーソナリティ構成の焦点となる。しかし，仕事や職業が周辺的であったり偶発的であったり，まったく存在しなかったりする人もいる。また，余暇や家庭といったほかの焦点が中心となる人もいる。個人差と同様に社会的伝統（性役割におけるステレオ・タイプやモデリング，人種的民族的偏見，機会が与えられるかどうかという社会構造）が，労働者，学生，余暇人，家庭人，市民のうちのどの役割を重視するかの重要な決定要因である。

（出所）Super（1981）;Bell,Super,&Dunn（1988）;Super（1990）

❀ J. L. ホランドの理論

 J. L. ホランドは，ネブラスカ大学で心理学などを学んだのち，第2次世界大戦では従軍し人事の仕事をしていました。この際に，兵士の職務経歴書から一定の法則があることに気づき，いくつかに類型できることを発見しました。その後，1952年にミネソタ大学で教育心理学の博士号を取得し，その前後の3年間は職業カウンセラーをしながらウェスタンリザーブ大学で心理学を教えています。この経験の中で，ホランドは「職業への興味とパーソナリティとは関連性が深い」と確信したといいます。1969年以降はジョンズ・ホプキンズ大学で教鞭をとり，1980年に退職したのちは主に大学生に向けたVPI（Vocational Preference Inventory）進路選択支援ツール（日本語版の名称は「VPI職業興味検査」）を開発し，その土台となる研究を進めました。

 VPIは職業に関する6つの性格タイプと5つの行動傾向尺度で構成されています。6つの性格タイプは「RIASEC」と呼ばれ，それぞれの傾向が示されています。ホランドは，これらの関連性について六角形モデルで説明しました。6つの性格タイプの傾向は図6に示しています。

 6つの性格タイプの中で，上位3つで性格や傾向を表したものをスリー・レター・コードと呼んでいます。スリー・レター・コードで表された性格タイプは，関連性の違いに一貫性が見られ心理的類似性があると説明されています。たとえば，2つの性格タイプが六角形上で離れると心理的距離も離れ，性格タイプが六角形上で近いと心理的距離も近いというものです。つまり，スリー・レター・コードの上位3つのうち2つが，図6のRI，IA，ASなど六角形上で隣り合っている性格タイプは一貫性があるとされ，図6のRS，IE，ACなど六角形上で対極にある性格タイプは一貫性がないとされます。また，図6のRA，IS，AEなど六角形上で1つはさんで隣り合う性格タイプは，一貫性がある性格タイプと一貫性がない性格タイプの中間的であるとされています。

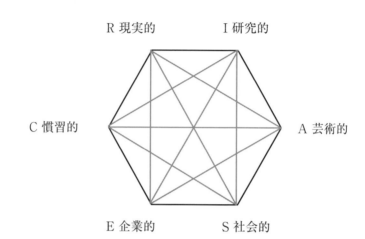

六角形モデル

R 現実的　　　　　I 研究的

C 慣習的　　　　　　　　　　　A 芸術的

E 企業的　　　　S 社会的

性格タイプ	傾向
現実的 （Realistic）	機械や道具，物，動物などを扱い，実践的に活動することを好みます。
研究的 （Investigative）	研究や調査など，深く探求する活動を好みます。
芸術的 （Artistic）	美術，音楽，文芸など，芸術的，創造的な活動を好みます。
社会的 （Social）	人と繋がることや奉仕的な活動をすることを好みます。
企業的 （Enterprising）	販売や企画などへの興味，組織の利益を目的に人を動かすような活動を好みます。
慣習的 （Conventional）	決められたことに従って，情報を秩序立てて行う活動を好みます。

図6　6つの性格タイプ「RIASEC」と傾向　　(出所) 各種の資料より筆者が作成

🌀 L. S. ハンセンの理論

　L. S. ハンセンは，1997 年に刊行された『Integrative Life Planning（総合的人生設計）』の中で，キャリアを仕事だけでなく，人生すべての役割から包括的に捉えた総合的キャリア発達を提唱しています。ハンセンの理論では，人生の役割には労働（Labor），学習（Learning），余暇（Leisure），愛（Love）の 4 つの L の要素があるとしました。ハンセンは，人生をキルト（パッチワーク）に見立てて，4 L はキルター（キルトをつくる人）の意思で繋ぎ合わせていくらでも広げていくことができ，その組み合わせはつくり手にとって意味を持っているとしています。

　個人にとって満足できる人生は，自分の価値観や家族のニーズだけを考えるのではなく，周りの環境や世界的なニーズなど総合的観点から検討することが大切であるとして，次の 6 つの主要な課題について取り組むことを提唱しました。
①グローバルな視点から仕事を探す
②意味のある全体的要素として人生を織りあげる
③家族と仕事を繋ぐ
④多様性と包括性に価値を置く
⑤スピリチュアルな意義と人生の目的を探索する
⑥個人の転機と組織の改革に上手く対処する

　ハンセンの代表的な業績として「BORN FREE（ボーン・フリー）プログラム」があります。ハンセンは，1962 年にミネソタ大学の大学院でカウンセリング・ガイダンスにて博士号を取得しました。その後，カウンセラーやガイダンス分野に携わる中で，ジェンダー役割にキャリアの選択肢が左右されていることを問題視して，ステレオ・タイプを見直すことに取り組みます。1976 年以降は「BORN FREE（ボーン・フリー）プログラム」を指揮し，ジェンダー役割に「縛られずに生きる」という言葉どおり，多くの人の選択肢の可能性を広げていきました。

🌀 E.H. シャインの理論

　E.H. シャインは，スタンフォード大学で心理学修士を取得し，1952年にハーバード大学で博士号を取得しました。組織心理学の分野で，組織開発の専門家として高く評価されています。組織心理学を研究すると同時に，サイコセラピーの心理療法家でもありました。当初，アメリカの陸軍病院で戦争捕虜となった兵士の洗脳などの研究をしていましたが，のちにマサチューセッツ工科大学で経営学の研究に取り組みました。ところが，シャインは思ったような成果を上げることができず，挫折を繰り返します。しかし，研究の視点を変えることで自己概念であるキャリア・アンカーを見出すことに至ったのです。

　キャリア・アンカーは，個人がキャリアを選択していくうえで軸となる拠りどころを，船を一定の場所に留めておくための重りである錨（アンカー）にたとえて名づけられたものです。シャインは，合計8つのキャリア・アンカー（表3）を見出しました。キャリア・アンカーは，自分の才能や能力，自分の動機や欲求，自分の態度や価値観という，これまでに自分が自覚している3要素が組み合わさった部分です。過去の体験や学びを通して，数年かけて個人が得たものであり，キャリア全体を通して普遍的であるといわれます。

　シャインの理論では，個人のニーズであるキャリア・アンカーと，組織が個人に求めるニーズを分析し，マッチングさせて職務や役割を戦略的にプランニングする「キャリア・サバイバル」という方法論を提唱しています。また，履歴書や職務経歴書に記載する資格や実績のような客観的なキャリアである「外的キャリア」と，仕事の経験で得た思いのような主観的なキャリアである「内的キャリア」の2つの軸でキャリアを捉えています。さらにシャインは，人には「生物学的・社会的」「家族関係」「仕事・キャリア」という3つの領域が互いに影響し合っているという考えを示しています。

　これから働きはじめる大学生や働きはじめて間もない人などは，自分

のキャリア・アンカーがよくわからない場合がほとんどでしょう。近年では働く環境が変化しており，そのスピードはますます速くなっています。自分がやりたいと思っている仕事自体が，将来はなくなっている可能性さえあります。キャリア・アンカーは，業種や職種だけに限定するのではなく，自分の軸となる「自分は何を大切にしているのか」「自分は仕事を通して何がしたいのか」という拠りどころとして理解しておくと，時代の変化に影響されず，自分軸で臨機応変に仕事を選択できる一つの指針となるのではないでしょうか。

表3　キャリア・アンカーの種類と特徴

種類	特徴
専門・職能的コンピタンス （Technical/Functional competence）	自分が得意な専門分野や職能分野で能力を発揮することに満足を感じる。
全般的経営管理コンピタンス （General Managerial competence）	組織内で責任ある立場を担うことや組織の成功に貢献することに喜びを感じる。
自律・独立 （Autonomy/Independence）	組織の規範に縛られず自分のやり方や自分のペースなどで仕事を進めていくことを優先する。
保障・安全 （Security/Stability）	安定している組織の中で堅実に仕事をして社会的・経済的に安定することを望む。
起業家的創造性 （Entrepreneurial Creativity）	リスクを恐れず新しいものを創り出したり事業を起こしたりすることに価値を見出す。
奉仕・社会貢献 （Service/Dedication to a Cause）	社会的に意義があることを成し遂げたいという欲求に基づきキャリアを選択する。
純粋な挑戦 （Pure Challenge）	不可能を可能にすることやライバルとの競争にやりがいを感じる。
生活様式 （Lifestyle）	自分の欲求と家族の要望などのバランスや調整を重視する。

（出所）各種の資料より筆者が作成

🌀 A. H. マズローの理論

　アメリカの心理学者である A. H. マズローは，1942年に「人間動機理論」を発表し，欲求を5段階に階層化して欲求5段階説として説明しました（図7）。これは動機づけ理論とも呼ばれ，低次の欲求が満たされると高次へ段階的に移行するとしています。欲求5段階説では，さらに図7に記載している①②③の分類があります。

①物理的欲求と精神的欲求

　生理的欲求と安全欲求を物理的欲求，所属と愛の欲求から自己実現欲求までを精神的欲求と分類しています。物理的欲求は生命の維持に必要な欲求で，精神的欲求とは精神面の満足を得るための欲求です。

②外的欲求と内的欲求

　生理的欲求から所属と愛の欲求までを外的欲求，承認（自尊）欲求と自己実現欲求を内的欲求と分類しています。外的欲求とは自分の外部環境を充足したいという欲求，内的欲求とは自分の内面を充足したいという欲求です。

③欠乏欲求と成長欲求

　生理的欲求から承認（自尊）欲求までを欠乏欲求，自己実現欲求を成長欲求と分類しています。欠乏欲求とは自分に不足しているものを外から補おうとする欲求のことで，成長欲求とは自分を高めようとする内的な欲求のことです。

　マズローの欲求5段階説は，のちに欲求の段階は一つ一つ上がっていくこともあれば，段階を飛ばして上がっていくこともあり「自己超越欲求（Serf-transcendence）」という段階があるとつけ加えられています。5段階説は実証的な疑問も残っていますが，生理的欲求から自己実現欲求までがわかりやすいモデルということで，研修などでは広く用いられています。

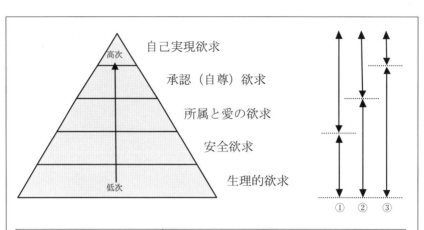

自己実現欲求 （Self-actualization）	自分が望む自己成長を成し遂げたいという 欲求。
承認（自尊）欲求 （Esteem）	他者からの高い評価や尊敬されたいという 欲求。
所属と愛の欲求 （Belongingness and Love）	家族や組織などの社会集団に帰属し、他者 と繋がりたいという欲求。
安全欲求 （Safety）	健康的、経済的に安定した最低限の生活を 維持したいという欲求。
生理的欲求 （Physiological）	生存していくために不可欠な、食欲や睡眠 欲などの本能的な欲求。

図7　欲求5段階説　（出所）各種の資料より筆者が作成

2 │ VUCA 時代に役立つ代表的なキャリア理論

　VUCA 時代では，テクノロジーの進化や新しいビジネスモデルが次々
と現れるなど，社会環境は目まぐるしい変化を遂げています。働き方や
働く環境も多種多様となり，いったん就職すれば一生安泰に暮らせると

いう時代ではなくなったということはすでにお話ししました。自分の
キャリアを一度デザインしたら，一つの目標に向かって脇目もふらずに
邁進していくという考え方は，予測不可能なことが起きてしまうと対応
できないことになりかねません。また，絶対にこうでなければいけない
という強固な考え方も，今後のキャリアを形成していくうえで妨げにな
る可能性があります。

　キャリアを考える時によく例にされるのが，山登り型キャリアと川下
り型キャリアという考え方です。山登り型キャリアとは，山の頂上を目
指していくように，目標とするゴールに向かって，長い期間をかけて一
歩一歩登っていくようなイメージでキャリアをつくっていくことです。
一方で川下り型キャリアとは，舟で川下りをしながら目の前に起こった
出来事に応じて，一つ一つ対応をしていくイメージでキャリアをつくっ
ていくことです。

　これまでは，目標を決めず川下り型キャリアでスタートし，その時々
の状況に対応しながら，ある程度経験を積んだ段階で明確な目標を立て，
目標までの道のりを計画的，戦略的に行う山登り型キャリアに切り替え
るのがよいとされてきました。ところが，近年では目標までの長い道の
りの間には突然予期しないことが起こる可能性もあれば，仕事自体がな
くなり他の仕事に変わる可能性も考えられるのです。

　先が見通せない不確実といわれる現代は，目標を持ちつつも，いま起
こっている現実に対応できる柔軟さが必要です。山登り型キャリアと川
下り型キャリアを，状況に応じて臨機応変に取り入れるというイメージ
です。新しいものや知らなかったことに出会い，体験し，目標を状況に
応じて変化させたり，新たに設定したりしながら行動していくことが，
自分の満足できるキャリアを形成するための鍵となります。そのための
ヒントとなるキャリア理論を次に紹介していますので，キャリアを考え
ていく際の参考にしてみてください。

🌀 J. D. クランボルツの理論

　スタンフォード大学の名誉教授である J. D. クランボルツは「偶然の出来事によって個人のキャリアの 8 割が決まる」という理論を提唱した研究者であり実践家です。クランボルツは大学生の時，偶然から心理学を専攻することになり，のちに心理学の研究者になりました。クランボルツは，キャリアには偶然が影響すると考え，偶然の出来事をチャンスや好機に変えるために，次の 5 つの行動をとっておくことが大切だとしています。

①好奇心：新たな学びの機会を模索する。

②持続性：失敗してもくじけずに努力を続ける。

③柔軟性：進んで状況を変える。

④楽観性：必ず新たなチャンスが訪れ，達成することができると考える。

⑤冒険心（リスクテーキング）：結果が見えなくても恐れることなく行動を起こす。

　従来のキャリア理論では，キャリアが偶然に影響されることに注目していませんでしたが，1990 年にクランボルツらはプランド・ハップンスタンス・セオリーを発表し，偶然の出来事が人のキャリアに望ましい影響をもたらすことを唱えました。その後，社会的学習理論に主眼が置かれたハップンスタンス・ラーニング・セオリーと改名し，広く知られるようになりました。社会的学習理論とは，人の行動は学習のプロセスによって表れた結果であるという考え方です。

　クランボルツのハップンスタンス・ラーニング・セオリーは，学習の機会を増やし行動していくことで，キャリアを進めていくという考え方です。クランボルツは「学習し続けること」が大切だと述べていますが，クランボルツのいう学習とは，何かを覚えて勉強するようなイメージとは異なり「経験により生まれる，恒久的な行動の変化や変容」という意味です。学習には，個人の特質や価値観に基づいた行動の結果から得られる道具的学習経験と，たとえば愛犬の病気をきっかけに，動物病院で

関わったスタッフの対応に心が打たれ，獣医を目指すことになったなど，ある出来事の感情と関連して起こる連合的学習経験があるとされます。つまり学習とは，経験することによって，これまでとは違う行動がとれたり，新たな行動を獲得できたりすることを指します。

　いまの時代は一つのキャリアプランを立てて，長い年月をかけてキャリアを積み上げていくことに限界が見えています。行動することは勇気がいることですが，行動を続けることで偶然の出来事に出会い，それが重なってキャリアが形成されていくという理論は，現代に必要とされる考え方の一つになるのではないでしょうか。

◎ D. T. ホールの理論

　D. T. ホールにより提唱された理論に，プロティアン・キャリアがあります。キャリアは組織ではなく個人により形成され，その人の望みや環境の変化に応じて，そのつど自分で方向転換し「変幻自在なキャリア」を築いていくことができるという考え方です。ホールは，1966 年にマサチューセッツ工科大学スローン経営大学院で博士号を取得しました。ホールが，キャリアの個人的な主観に着目した背景には，産業を取り巻く環境に構造変化が起こったことがあげられます。さまざまな雇用形態が現れ，会社と個人の関係性が変化する状況下で，ホールは組織の中だけで昇進を望んでいくというキャリア形成ではなく，個人が一生を通じて自分の望むキャリアを形成していくことだと考えました。

　プロティアンとは，ギリシャ神話の「プロテウス」という，変身する能力を持つ神にちなんで名づけられました。現代のような変化が著しい時代には，まさにプロティアン・キャリアのように，状況に応じて変幻自在に方向転換していく必要があります。

　32 ページの表 5 はプロティアン・キャリアとこれまでの伝統的キャリアを比較したものです。伝統的キャリアはキャリアの主体が組織で，地位や給与の上昇を目指していくのに対して，プロティアン・キャリア

はキャリアの主体が個人であり，個人の心理的成功を目指すものです。プロティアン・キャリアを形成するには，アイデンティティ（identity）とアダプタビリティ（adaptability）が必要とされます。アイデンティティは自我同一性ともいわれ，E. H. エリクソンによって提唱された概念です。ホールは，アイデンティティについて自分の価値観や能力に気づいている程度と，過去から現在，将来に至るまでの自己概念が統合されている程度と捉えました。つまり，変化に対応して変幻自在に転換するには，しっかりと自己理解ができていて，ぶれない自分軸があるかということです。

　アダプタビリティとは「反応学習」「アイデンティティの探索」「統合力」の３つ（表4）の適応能力である「適応コンピテンス」を，状況に応じて発展させたり応用させたりする動機となる「適応モチベーション」の準備や実施傾向とされています。アダプタビリティと適応コンピテンス，適応モチベーションの関係は以下のように表現されています。

アダプタビリティ＝適応コンピテンス × 適応モチベーション

　誰もが希望を持ってキャリアを形成していくために，変化に対応しながら，主体的にキャリアを選択していく際の手がかりとしてプロティアン・キャリアを参考にしてみてください。

表4　適応コンピテンスの３要素

３要素の種類	３要素の内容
反応学習	変化に対応するために，行動を発展させたりアップデートさせたりすること。
アイデンティティの探索	アイデンティティを理解するための試みを行うこと。
統合力	アイデンティティと行動の一致を保ち，変化に対して的確に応えること。

（出所）D. T.Hall（2002）を参考に筆者が作成

表5　プロティアン・キャリアと伝統的キャリアの比較

項目	プロティアン・キャリア
主体者	個人
核となる価値観	自由，成長
移動の程度	高い
重要なパフォーマンス側面	心理的成功
重要な態度側面	仕事満足感 専門的コミットメント
重要なアイデンティティ側面	自分を尊敬できるか（自尊心） 自分は何がしたいのか（自己への気づき）
重要なアダプタビリティ側面	仕事関連の柔軟性 現在のコンピテンシー （市場価値）
項目	伝統的キャリア
主体者	組織
核となる価値観	昇進，権力
移動の程度	低い
重要なパフォーマンス側面	地位，給料
重要な態度側面	組織コミットメント
重要なアイデンティティ側面	この組織から自分は尊敬されているか （他者からの尊敬） 自分は何をすべきか（組織における気づき）
重要なアダプタビリティ側面	組織関連の柔軟性 （組織で生き残ることができるか否か）

（出所）D. T.Hall（2002）を参考に筆者が作成

◎ N. K. シュロスバーグの理論

　1929年生まれのN. K. シュロスバーグは，アメリカのメリーランド大学で，長年にわたりカウンセラー教育に尽力してきました。シュロスバーグは，進学や就職，失業，結婚，離婚など，個人の人生におけるさまざまな出来事をトランジション（転機）として捉え，その対応の仕方によって個人のキャリア形成がされていくという，トランジションに着

目した理論家であり実践家です。

　1970 年代ごろのアメリカでは，コンピュータなどの技術革新により新たな仕事が登場した一方で，これまで存在していた仕事が失われるという状況でした。また，1980 年代にはアメリカでも終身雇用が終わりをつげ，失業者の増加が社会問題とされていました。このような時代背景の中で，1980 年にシュロスバーグは失業についての論文を発表しています。変化のスピードに違いはあるものの，この時代のアメリカは，まさに現在の状況と同様に先行きが見えない不透明な時代だったのです。

　誰でもが自分の人生を大きく変える，トランジションに遭遇する可能性があります。シュロスバーグは，どんなトランジションでも乗り切ることができるとして，そのためには以下の 4 つに着目することが重要であると述べています。

①役割の変化や消失

　人生の中で自分の役割が大きく変化したり，消失したりする出来事。

②関係性の変化や消失

　自分が所属する組織との関係や，取り巻く人との関係が大きく変化したり，消失したりする出来事。

③日常生活の変化

　日常のものごとについて，いつ行うか，どのように行うかに変化が生じる出来事。

④考え方の変化

　何らかの影響を受けて，自己概念に変化が生じる出来事。

　人生は望ましい転機もあれば，望ましくない転機もあります。シュロスバーグは，転機が訪れた時の乗り越え方を図 8 のように説明しました。突然の転機に遭遇した場合，それをどう受け取ってどう対処するかが重要であると述べています。

転機の乗り越え方

1. トランジションのタイプを把握する。

①予想していたトランジション
　自分自身で決断して行ったこと，予測されたこと。
　例：入学，卒業，入社，退職，結婚，離婚，出産など。

②予想していなかったトランジション
　何の準備もなく，予期せず突然起こったこと。
　例：事故，突然の病気，死，失業，天変地異など。

③期待していたものが起こらなかったトランジション
　当然起こると予測していたが実現しなかったこと。
　例：受かるはずの大学に落ちた，昇進するはずができなかったなど。

2. 第一段階の転機の対応：4つの資源（4S）を活用する。

状況 Situation	転機を予想できたか，自分でコントロールできるか，役割に変化があったか，転機がどの段階か（はじめ，中間，終わり），同じ転機を経験したことがあるか，ストレスの程度はどれくらいかなどの見解を立てる。
自己 Self	年齢や性別，社会的地位，ものごとをポジティブに捉えるか，ネガティブに捉えるか，転機を乗り越えることができるという信念があるかなど，自分自身が転機に対応できるかどうかを見極める。
支援 Support	必要とする支援が得られるか，転機に対処する支援を有力と感じているか，転機が原因で支援が失われることがあるかなど，どのような支援が，どれぐらい得られるかという予測を立てる。
戦略 Strategy	さまざまな戦略を行っているか，転機の意味を変えるような行動を時々行っているか，課題に応じて戦略を変化させる行動ができそうかなど，状況や支援について把握したのちに戦略を評価する。

3. 第二段階の転機の対応：変化を受けとめて対処する。

図8　転機に遭遇した時の乗り越え方　（出所）各種の資料より筆者が作成

🌀 M. L. サビカスの理論

　M. L. サビカスは，子どものころに建設現場で働く父親の仕事を手伝った経験から，働くことでの達成感や価値を学び，働くことに関心を抱くようになりました。その後，大学院時代の修士課程のインターンシップで，キャリアの重要性に気づいたといいます。キャリアの知見を深めるために，ケント州立大学の博士課程に進学したサビカスは，スーパーやホランドに学ぶ機会にも恵まれ，1975年に博士号を取得しました。

　21世紀の労働環境は，組織の中だけでキャリアを形成していくという従来の考えは意味をなさず，個人の望むキャリアは個人一人一人で形成していくことが求められるという，時代のニーズによって生まれたのがサビカスのキャリア構築理論です。この中で，サビカスはキャリア・アダプタビリティを重要な中心的概念としています。

　キャリア・アダプタビリティは，キャリア発達の研究者であるスーパーが提唱し，その後サビカスによって確立された概念で「現在や将来の職業発達課題に対する個人のレディネスおよびリソース」と定義されています。レディネスとは，学習に必要な準備が心身ともに整っている段階という意味です。キャリア・アダプタビリティは4つの次元から構成され，キャリア・アダプタビリティがある人について表6に示したような概念化がされています。

表6　キャリア・アダプタビリティの4つの次元と概念化

4つの次元	キャリア・アダプタビリティがある人の概念化
関心	働く者として自分の未来について関心を持っている。
統制	自分の職業上の未来について統制力がある。
好奇心	自分の可能性を探索することに好奇心を持っている。
自信	自分の望みを実現するための自信を持っている。

（出所）各種の資料より筆者が作成

キャリア・アダプタビリティの各次元の意味や態度などについては，以下に紹介します。

　◆キャリア関心（career concern）

　4つの要素の中で最も重要なのは，自分の将来の職業について関心を持つことです。自分の未来を現実として捉え，それに備えます。これらを計画的に行うことで，職業上の課題や転機，将来行うべきことへの気づきに繋がり，具体的な準備を行うことができます。

　◆キャリア統制（career control）

　自らのキャリアをコントロールし，構築するのは自分だという認識と確信をすることです。キャリア統制が欠落した場合は，他者から与えられたキャリアに従うしかないと考え，キャリアの不決断に陥ります。

　◆キャリア好奇心（career curiosity）

　好奇心を持って，職業や職業に関わる環境を探索することです。探索で得た知識を活用することで，自分が職業選択する際に現実的かつ主体的に，自分に適する選択が可能となります。

　◆キャリア自信（career confidence）

　職業選択するにあたって，自分の望みを実現するためにどんな状況でも対応できるという，成功を予期することです。キャリア自信により，仕事の課題や転機に対応することができて，困難を乗り越えられる可能性が高まります。

　サビカスは，アダプタビリティを「自分が変わることで時代や環境に合う状況をつくる」「自分が目的意識を持って変化する」「周囲との相互作用により変化する」と捉えていることがうかがえます。21世紀に起こった急速なグローバル化やデジタル化，無期雇用から短期雇用への就労形態の変更，組織再編などに直面している背景から，近年，キャリア・アダプタビリティが注目されています。変化に対する対応や順応しながら自分のキャリアを構築できる能力が，今後ますます必要となるでしょう。

〔参考資料〕 表7 代表的なキャリアの理論と概念

研究者	提唱した主な理論や概念，代表的著書など
ドナルド・E・スーパー	職業的自己概念，ライフ・ステージ，ライフロール，キャリア決定のアーチ 著書：*Psychology of Careers*, Joanna Cotler Books（1957）
ジョン・L・ホランド	職業選択の理論 職業を6分類化したRIASEC（現実的：Realistic，研究的：Investigative，芸術的：Artistic，社会的：Social，企業的：Enterprising，慣習的：Conventionalの頭文字）の提唱者 著書：『ホランドの職業選択理論——パーソナリティと働く環境』雇用問題研究会（2013）
ジョン・D・クルンボルツ	クルンボルツの理論，ハップンスタンス・ラーニング・セオリー 著書：『その幸運は偶然ではないんです』〔共著〕ダイヤモンド社（2005）
ナンシー・K・シュロスバーグ	イベントとノンイベント，転機の影響度を決める3要因 著書：『「選職社会」転機を活かせ——自己分析手法と転機成功事例』日本マンパワー出版（2000）
L・サニー・ハンセン	統合的ライフ・プランニング，人生の4つの役割 著書：*Integrative Life Planning: Critical Tasks for Career Development and Changing Life Patterns (Higher and Adult Education)*, Jossey-Bass（1996）
マーク・L・サビカス	キャリア構成理論，ナラティブキャリアカウンセリング 著書：*Career Counseling (Theories of Psychotherapy)*, American Psychological Association（2011）
エドガー・H・シャイン	内的キャリアと外的キャリア，キャリア・アンカー，キャリア・サバイバル 著書：『キャリア・マネジメント　パーティシパント・ワークブック——変わり続ける仕事とキャリア』白桃書房（2015）
ダグラス・T・ホール	キャリアの定義，プロティアン・キャリア，関係性アプローチ，メンタリング 著書：『プロティアン・キャリア・・生涯を通じて生き続けるキャリア——キャリアへの関係性アプローチ』亀田ブックサービス（2015）
アブラハム・H・マズロー	人間動機理論 著書：*A Theory of Human Motivation*, Start Publishing LLC（2013）　Kindle版：Amazon Services International販売

（注）著書は，邦訳がある場合は，訳書を優先して掲載
（出所）平岩久里子（2018）『共に生きるためのキャリアプランニング』ナカニシヤ出版

第3章

自分の強みを見つける

1 自己分析で自分を知る

◎自己分析の目的

　自己分析とは，自分の得意なことや苦手なこと，価値観などを分析して，自分を理解することで自分の強みを見つけ出すことです。強みについては多くの研究がありますが，M. A. ウッドら（2011）は強みについて「人が活躍したり最善を尽くしたりすることを可能にさせる特性」と定義しています。

　あなたは「自分の強みは何ですか」と質問されて，明確に答えることができますか？　自分の強みは何かといわれて「強みがわからない」「強みがない」など，漠然としていてはっきりわからないという人は少なくありません。また，強みというと多くの人が思いつくのが性格の特徴や取得資格です。もちろん，性格の特徴や資格を持っていることは自分の強みですが，「積極性がある」「○○資格を持っている」だけではオリジナリティがある強みとはいえません。

これまでのキャリアは，就職先で決められたレールに沿うことで形成されてきました。しかし，これから必要なのは多様な選択肢の中から，自分の強みを生かして自由にキャリアを選択し，自分の望む形にキャリアを形成していくことです。社会情勢の変化とともに，自分のキャリアは自分の意志で，自分で決めて築いていく時代へと変化しています。そのために，オリジナリティの強みを明確にしておくことが大切です。

　人と差別化された自分の強みを見つけ出すためには，これまでに成功してきたことや失敗したことなど，自分の経験や体験してきたことを振り返ります。経験や体験で得たことはすべて自分の資産であり，人と違う大切なオリジナリティの部分です。結果だけではなく，結果に至るまでのプロセスを明確にすることが，自分だけの強みを見つけ出すことに繋がります。

　この章では，自分の強みを見つけるために活用できる，自己分析の方法を紹介します。自己分析にはさまざまな方法があります。オリジナリティの強みを見つけ出すために，自分に合った方法を探してみてください。

◎自己分析シート

　自己分析シートを使って，過去と現在の自分を振り返ります。これらを踏まえて，現在の自分ができることと，今後やりたいことについて考えます。自己分析シートに書き込む際のポイントは次の３つです。

①これまでの自分を振り返る

　学生の場合は，大学などへの進学の目的や専攻分野を選んだ理由，何に関心があるかなどについて振り返ります。また，サークル活動やアルバイトのほか，在学中の経験や体験から何を学びどう感じたか，挫折があった場合はどう克服したかなどを振り返ります。社会人の場合は，現在の仕事を選んだ理由や仕事で大切にしてきたこと，仕事での経験や体験から何を学び，その結果どう成長したかなどについて振り返ります。

②自分のスキルや適性について振り返る

　自分の性格の特徴や取得資格，グループ内での自分の立ち位置や，やりがいを感じるのはどんなことかなどを振り返ります。専門性以外で自分を振り返る時は，表8のポータブルスキルの要素，表9のポータブルスキルの例を参考にしてみてください。ポータブルスキルとは，業種や職種が変わっても持ち運びができる，仕事の仕方と人との関わり方のスキルのことです。どのような状況になっても対応可能な，汎用性が高いスキルといえますので，社会人の方だけでなく学生の方も参考にしてみてください。

表8　ポータブルスキルの要素

仕事の仕方（対課題）	
現状の把握	取り組んでいる課題のテーマ設定における情報収集や分析の仕方
課題の設定	取り組むべき課題における仕事の進め方などの設定の仕方
計画の立案	課題を遂行するために立てる具体的な計画の仕方
課題の遂行	課題を遂行するための管理や調整，障害の排除，プレッシャーの乗り越え方
状況への対応	想定外の事態への対応や責任の取り方
人との関わり方（対人）	
社内対応	社内でのコミュニケーションにおいて納得感や支持の獲得の仕方
社外対応	社外でのコミュニケーションにおいて納得感や利害調整，合意形成の仕方
上司対応	上司への報告や意見の述べ方
部下マネジメント	メンバーの育成，仕事への動機づけ，メンバーの特性を生かした役割調整の仕方

（出所）厚生労働省の資料を参考に筆者が作成

表9　ポータブルスキルの例

対人力		自制力	
傾聴力	他者の話を聴き理解することができる。	忍耐力	怒りや困難に耐えることができる。
協調力	他者と協力的に任務を遂行することができる。	継続力	ものごとを続けていくことができる。
受容力	他者の要求を受け入れることができる。	柔軟力	状況に応じて臨機応変に対応することができる。
説得力	他者に説明し納得させることができる。	実行力	計画を実行することができる。
交渉力	他者と上手く交渉することができる。	集中力	ものごとを集中して行うことができる。
調整力	他者との間を取り持つことができる。	責任力	失敗などに対して責任をはたすことができる。
課題対応力		管理能力	
企画力	課題を解決するために行動し実行することができる。	推進力	ものごとを推し進めることができる。
計画力	課題の優先順位を考慮し段取りすることができる。	瞬発力	ものごとを手際よく実行することができる。
提案力	課題についての問題解決の方法やものごとの利点を他者に伝えることができる。	意思決定力	ものごとの決定を複数の候補から選び速やかに実行することができる。
論理力	ものごとを論理的に考えることができる。	分析力	ものごとを調査して詳細に明らかにすることができる。
俯瞰力	ものごとを全体的に見ることができる。	判断力	ものごとを正確に評価し見極めることができる。
解決力	問題に対して原因を追究し解決に導くことができる。	機動力	ものごとを戦術的に実行することとができる。

（出所）各種の資料より筆者が作成

③キャリアビジョンを考える

　将来の自分の生活をどうしていきたいか，そのために現在何かしていることはあるかなどを振り返ります。キャリアビジョンを考える際には，今後生じる可能性がある人生におけるイベントも思い浮かべてみましょう。

　それでは，①②③のポイントを参考にして，自己分析シート（1）（2）（3）に書き出してみてください。

自己分析シート（1）

1.免許・資格・スキル

免許や資格取得の取得年月日，スキルを記載しましょう。

- ・
- ・
- ・
- ・

2.特技・趣味

自分の特技や趣味について，はじめたきっかけや期間，どの程度しているかなど具体的に記載しましょう。

- ・
- ・
- ・

3.学生生活（大学生）や仕事（社会人）の中で取り組んでいること

現在，学生生活や仕事をする中で自分が取り組んでいることを詳しく記載しましょう。

- ・

4.1〜3の経験や体験から得られたこと

上記1〜3（免許・資格取得やスキルの習得，特技や趣味，現在取り組んでいること）について，その経験や体験から得られたことと，そのエピソードを具体的に記載しましょう。

- ●得られたこと

- ・

- ●エピソード

- ・

自己分析シート（2）

1. 成功体験・失敗体験

これまでの出来事を振り返り，成功体験と失敗体験についてどんなことがあったか，エピソードも記載しましょう。

● どんな成功体験をしましたか？
・

● 成功体験についてのエピソード
・

● どんな失敗体験をしましたか？
・

● 失敗体験についてのエピソード
・

2. 成功体験や失敗体験から学んだこと

成功体験や失敗体験から学んだことについて，詳しく記載しましょう。

● 成功体験から学んだことは何ですか？
・

● 成功体験を今後にどう生かしていきたいですか？
・

● 失敗体験から学んだことは何ですか？
・

● 失敗体験を今後にどう生かしていきたいですか？
・

自己分析シート（3）

1. 長所と短所について

自分の長所と短所について，なぜそう思うか理由とエピソード，その生かし方や克服の仕方を記載しましょう。

●自分の長所

・

●長所について，なぜそう思うか理由とエピソード

・

●長所を生かして何かしていますか？

・

●自分の短所

・

●短所について，なぜそう思うか理由とエピソード

・

●短所の克服のために何かしていますか？

・

2. 現在の自分ができること，今後やりたいことについて

現在の自分ができること，今後やりたいことについて記載してみましょう。

●現在の自分ができること

・

●今後やりたいこと

・

ライフラインチャート

　ライフラインチャートとは，自分の過去と現在を振り返り満足度を評価しグラフに表したものです。満足度から自分の価値観を明らかにして，自己分析をする方法です。48ページのライフラインチャートに記載する前に，表10を参考に，自分の過去と現在の印象深い出来事を46ページのライフラインチャート・出来事ワークシートに書き出します。

表10　過去の出来事の例

時期	出来事
幼児期	・（3歳）妹が生まれた ・（4歳）幼稚園の運動会で人気者になった ・（5歳）スイミングスクールが楽しかった
小学校時代	・（6歳）小学校で友達がたくさんできた ・（8歳）友達が転校して離ればなれになった ・（10歳）家族旅行に行き楽しかった
中学校時代	・（13歳）中学で成績が下がった ・（14歳）親友と大ゲンカした ・（15歳）高校受験に失敗した
高校時代	・（16歳）勉強とクラブ活動を頑張った ・（17歳）吹奏楽部のコンクールで優勝した ・（18歳）希望の大学に合格した
大学時代	・（20歳）バイト先でリーダーになった ・（21歳）資格試験に合格した ・（22歳）希望の会社に採用の内定をもらった
社会人以降	・（23歳）かわいがっていた飼い猫が死んだ ・（24歳）仕事の業績が上がった ・（25歳）仕事で表彰された

ライフラインチャート・出来事ワークシート

時期	出来事
幼児期	・（　　歳） ・（　　歳） ・（　　歳）
小学校時代	・（　　歳） ・（　　歳） ・（　　歳）
中学校時代	・（　　歳） ・（　　歳） ・（　　歳）
高校時代	・（　　歳） ・（　　歳） ・（　　歳）
大学時代	・（　　歳） ・（　　歳） ・（　　歳）
社会人以降	・（　　歳） ・（　　歳） ・（　　歳）

　印象深い出来事があった年齢を（　）に書いて，その時どんなことが起こったのかを書き出してみましょう。ワークシートの各時期は，絶対に3つずつ書き出さないといけないことはありませんが，それぞれの時期につき1つは書き出してみてください。

　ライフラインチャートは，縦軸に満足度，横軸に時間経過を表したグラフです。横軸には適宜，年齢を書き込みます。ライフラインチャー

ト・出来事ワークシートに書き出した出来事について，ライフライン
チャートの例のように，それぞれの満足度を 48 ページのライフライン
チャート上に点を打ち，点と点を線で繋げてみます。点を打った箇所に
コメントを入れておくと，あとで出来事が何だったのかを確認しやすく
なります。

　でき上がったらライフラインチャートの中で，満足度が高い箇所と低
い箇所を見て，それぞれの共通項を探してみてください。たとえば，満
足度が高いのは「人との関係が円滑な時」「自分が目指すゴールに到達
できた時」など，共通項を見つけると自分の価値観を理解する手がかり
になります。

ライフラインチャートの例

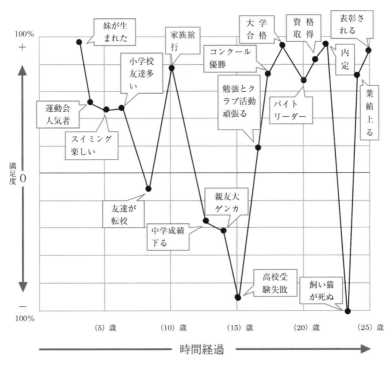

（出所）筆者が作成

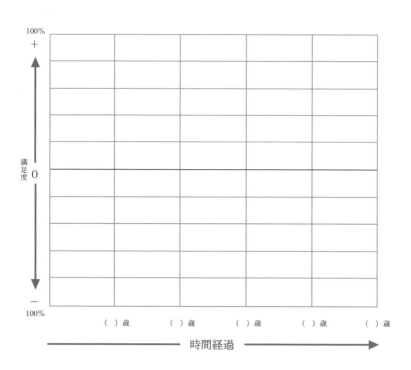

ライフラインチャート

Will・Can・Must で考える

　キャリアプランを考える時に，Will・Can・Must の観点で考えると，自分がこの先どうしていくべきかという点が見えてきます。Will は将来したいこと，Can はできること，Must はやるべきことを意味します。

　自分が将来したい仕事や，仕事を通して成し遂げたいこと，現在の自分の強みを振り返ります。そして，Will を実現していくにあたり，現在の自分に足りない部分を見つけてやるべきことを明確にします。自己分析シートやライフラインチャートで書き出した内容を参考に，Will・Can・Must ワークシートに書き出してみましょう。

Will・Can・Must ワークシート

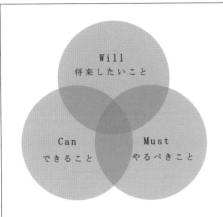

理想のキャリアとは将来したいことの Will と，自分の強みを生かしてできることの Can，将来したいことを実現するために求められる，やるべきことの Must が重なり合った部分が，実現可能な理想のキャリアといえます。

Will：将来したいこと
・ ・ ・ ・

Can：自分の強みを生かしてできること
・ ・ ・ ・

Must：やるべきこと（Will を実現するために求められること）
・ ・ ・ ・

2 | 人からのフィードバックで自分を知る

◉ジョハリの窓

　自分を知る方法として，他者から見た自分という観点も重要です。自分が「わかっている自分」と「人から見た自分」は，必ずしも一致するとは限りません。自分の印象を人から客観的に伝えてもらうことは「自分では気づいていない自分」を知ることができるという点で有益です。

表11　ジョハリの窓

	自分 知っている	自分 気づいていない
他人 知っている	①開放の窓	②盲点の窓
他人 気づいていない	③秘密の窓	④未知の窓

　他者から自分についてのフィードバックを受ける時に活用できるのが，ジョハリの窓です。ジョハリの窓とは，心理学者のJ. ルフトとH. インガム（1955）により考案された「対人関係における気づきの図式モデル」（表11）のことです。2人の名前からジョハリの窓と命名されました。

　ジョハリの窓では，自己の中に①開放の窓，②盲点の窓，③秘密の窓，④未知の窓という4つの領域があるとされています。①の開放の窓とは自分も他人も知っている公開された自己です。②の盲点の窓とは自分は気づいていないけれど他人は知っている自己，③の秘密の窓とは自分は知っているけれど他人は気づいていない自己，④の未知の窓とは自分も他人も知らない自己と定義されています。

　自己開示が進んでいると①の開放の窓が大きくなります。自己開示とは，臨床心理学者のS. ジュラードによってはじめて用いられた概念で「人に個人的なことを知らせる行為」とされています。自己開示につ

いては，第5章の4節でも解説していますので参考にしてみてください。自己理解ができていないと②の盲点の窓が大きくなります。個人的なプライベートの部分が③の秘密の窓であり，秘密主義の場合はこの領域が大きくなります。まだ開花していない能力などがある場合は，④の未知の窓が大きくなります。4つの領域は固定されたものではなく，自分の意識や行動で変えることが可能とされます。

　まず，52ページのジョハリの窓・ワークシートの①開放の窓と③秘密の窓に自分自身のことを書き出してみましょう。次に②盲点の窓を知るために，信頼できる人に自分の印象や長所，短所などを尋ね，以下のジョハリの窓・質問シートに書き出します。他者からの回答と，自分が思う自分自身の同じ部分は①開放の窓にあたります。他者からの回答で自分が気づいていなかった内容があれば，ジョハリの窓・ワークシート②盲点の窓に書き出します。④未知の窓は，新たな挑戦や経験により開花される可能性が高まるため，挑戦したいことなどを④に書き出します。

ジョハリの窓・質問シート

質問内容	回答と理由・質問した人の氏名（　　　　　）
人から見た印象	・ ・
人から見た強み	・ ・
人から見た弱み	・ ・
伸ばしていくとよい箇所	・ ・
改善するとよい箇所	・ ・
そのほか質問したいこと（　　　　　　）	・ ・

ジョハリの窓・ワークシート

①開放の窓：自分の性格や特徴について，自分自身でわかっていることを
書き出してみましょう。

- ・
- ・
- ・
- ・

②盲点の窓：他者から見た自分について，自分が気づいていなかったこと
を書き出してみましょう。

- ・
- ・
- ・
- ・

③秘密の窓：自分の性格や特徴について，人に開示していないことを書き
出してみましょう。

- ・
- ・
- ・
- ・

④未知の窓：これから新たにはじめたいことや挑戦したいことを書き出し
てみましょう。

- ・
- ・
- ・
- ・

3 データを活用して自分を知る

⚙自分を知るためのアセスメントツール

　自分を知る方法として，アセスメントツール（検査法）があります。アセスメントツールには性格傾向や行動特性についての検査，職業の適性や価値観についての検査，職業理解や興味・関心，適職診断などの検査があります（表12）。

表12　代表的なアセスメントツール

	質問紙法
	・YG性格検査（矢田部 ギルフォード検査） ・エゴグラム ・MBTI
性格傾向や行動特性等の検査法	投影法
	・ロールシャッハテスト ・TAT ・PFスタディ
	作業検査法
	・内田クレペリン精神作業検査
職業の適性，価値観等の検査法	・厚生労働省編一般職業適性検査（GATB） ・職業レディネステスト（VRT） ・VPI職業興味検査
職業理解，興味・関心等の検査法	・OHBYカード
適職診断等の検査法	・キャリア・インサイト

（出所）各種の資料より筆者が作成

表12に示した各アセスメントツールの概要は以下のとおりです。

◆性格傾向や行動特性などの検査法
　代表的なものに質問紙法，投影法，作業検査法などがあり，能力や性格，価値観などの側面を理解することができます。
［質問紙法］
　YG性格検査（矢田部ギルフォード検査）はJ. P. ギルフォードにより開発され，矢田部達郎らが日本版として作成した心理検査で，12の尺度から情緒特性，人間関係特性，知的活動特性を測定し性格傾向や特性を調べるものです。医療や教育のほか企業など幅広く活用されています。
　エゴグラムは，交流分析という心理療法をベースとした性格診断です。エゴグラムの詳細は後述していますので，そちらを参考にしてください。
　MBTIは，心理学者であるC. G. ユングのタイプ論に影響を受けたK. C. ブリッグスとI. B. マイヤーズにより1962年に開発された検査で，個人の性格を16タイプに類型化し性格傾向や特性を測定します。測定結果により自分を理解し，自分の将来に生かすことを目的にしています。
［投影法］
　投影法の代表的な検査には，ロールシャッハテストに使われるインクの染み，TAT，PFスタディに使われる図，イラストなどの視覚的刺激や言語的刺激により，対象者の反応やどう見えたかなどを検査する方法があります。
［作業検査法］
　作業検査法の代表的な検査には，内田クレペリン精神作業検査があります。簡単な一桁の足し算を行い，能力や行動面の特徴を測ります。
◆職業の適性，価値観などの検査法
　一般職業適性検査（GATB）は，中学生から45歳程度の人が利用できる，幅広い年齢の人を対象とする検査で，職業の適性を調べることができます。

職業レディネステスト（VRT）は，中学生，高校生，場合によっては大学生も受けることが可能なキャリアガイダンスツールです。仕事への興味─Ａ検査，日常の行動傾向や意思─Ｂ検査，仕事への自信度─Ｃ検査で構成され，ＡとＣ検査は興味領域（RIASEC）の６指標，Ｂ検査は対情報関係志向，対人関係志向，対物関係志向の３つで測定されます。

VPI職業興味検査は，J.L.ホランドが開発した職業興味検査の日本版で，短大生や大学生以上を対象としています。興味領域（RIASEC）と５つの傾向尺度から，５領域の心理的傾向を測定します。

◆職業理解，興味・関心などの検査法

OHBYカードは，430種類の職業情報を紹介する「職業ハンドブックOHBY」をまとめた48枚カードを使い，職業情報や自分の興味・関心を理解するものです。イラストや写真などを用いるので，さまざまな年齢の対象者に対応可能な検査法です。

◆適職診断などの検査法

キャリア・インサイトは，利用者がコンピュータを使い，職業の適性や自分に適した職業リストの参照，職業情報の検索などで，キャリアプランを立てることができるシステムです。

アセスメントツールには心理検査やコンピュータを使用して職業の適性を調べる検査など，さまざまな種類があります。それぞれのツールで検査できる内容に必要性を感じている時，関心がある時などに目的や所要時間などを考慮して活用します。

🌀エゴグラム

エゴクラムは，精神科医のE.バーンにより1954年に創始された交流分析の中で使われている検査法です。バーンは自我状態を「思考や感情と，それに関連した行動パターンの一つの体系」と定義しました。エゴグラムでは，人の心の中に親の自我，大人の自我，子どもの自我という，

3つの自我状態があるとされます。親の自我状態の機能には，批判的な親と保護的な親という2種類があり，子どもの自我状態の機能には自由な子どもと順応する子どもという2種類があり，大人の自我状態の機能と合わせて全部で5つの自我状態の機能があるとされます。

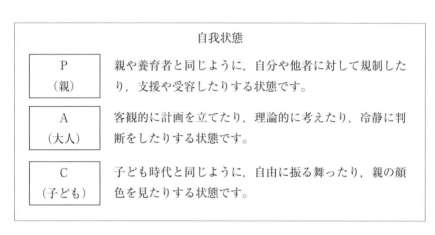

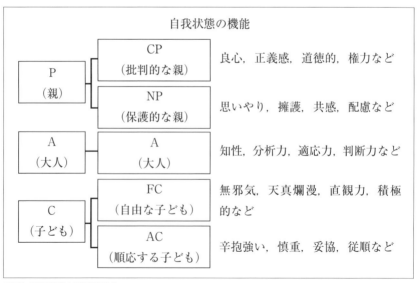

（出所）各種の資料より筆者が作成

以下のエゴグラム・チェックリストの CP，NP，A，FC，AC の 10項目のうち，自分に当てはまるものには○，自分に当てはまらないものには×，どちらともいえないものには△をつけます。時間は 20 分間です。深く考えず直感的に，できるだけ○か×で答えるようにしましょう。

エゴグラム・チェックリスト

	CP	回答
1	あなたは，何事もきちっとしないと気がすまない方ですか。	
2	人が間違ったことをした時，なかなか許しませんか。	
3	自分を責任感の強い人間だと思いますか。	
4	自分の考えを譲らないで，最後まで押し通しますか。	
5	あなたは礼儀，作法についてやかましいしつけを受けましたか。	
6	何事も，やりだしたら最後までやらないと気がすみませんか。	
7	親から何か言われたら，その通りにしますか。	
8	「ダメじゃないか」「〜しなくてはいけない」という言い方をしますか。	
9	あなたは時間やお金にルーズなことが嫌いですか。	
10	あなたは親になった時，子どもを厳しく育てると思いますか。	

	NP	回答
1	人から道を聞かれたら，親切に教えてあげますか。	
2	友だちや年下の子どもをほめることがよくありますか。	
3	他人の世話をするのが好きですか。	
4	人の悪いところよりも，よいところを見るようにしますか。	
5	がっかりしている人がいたら，なぐさめたり，元気づけてあげますか。	
6	友だちに何か買ってあげるのが好きですか。	
7	助けを求められると，私に任せなさい，と引き受けますか。	

8	誰かが失敗した時，責めないで許してあげますか。	
9	弟や妹，または年下の子をかわいがる方ですか。	
10	食べ物や着る物のない人がいたら，助けてあげますか。	

	A	回答
1	あなたはいろいろな本をよく読む方ですか。	
2	何かうまくいかなくても，あまりカッとなりませんか。	
3	何か決める時，いろんな人の意見をきいて参考にしますか。	
4	はじめてのことをする場合，よく調べてからしますか。	
5	何かする場合，自分にとって損か得かよく考えますか。	
6	何かわからないことがあると，人に聞いたり，相談したりしますか。	
7	体の調子が悪い時，自重して無理しないようにしますか。	
8	お父さんやお母さんと，冷静によく話し合いをしますか。	
9	勉強や仕事をテキパキと片づけていく方ですか。	
10	迷信や占いなどは，絶対に信じない方ですか。	

	FC	回答
1	あなたは，おしゃれが好きな方ですか。	
2	みんなと騒いだり，はしゃいだりするのが好きですか。	
3	「わあ」「すげえ」「かっこいい」などの感嘆詞をよく使いますか。	
4	あなたは言いたいことを遠慮なくいうことができますか。	
5	嬉しい時や悲しい時に，顔や動作に自由に表すことができますか。	
6	欲しいものは，手に入れないと気がすまない方ですか。	
7	異性の友人に自由に話しかけることができますか。	
8	人に冗談をいったり，からかったりすることが好きですか。	
9	絵を描いたり，歌をうたったりするのが好きですか。	
10	あなたは嫌なことを嫌といいますか。	

	AC	回答
1	あなたは人の顔色を見て，行動をとるような癖がありますか。	
2	嫌なことを嫌といわずに，押さえてしまうことが多いですか。	
3	あなたは劣等感が強い方ですか。	
4	何か頼まれると，すぐやらないで引き延ばす癖がありますか。	
5	いつも無理をして，人からよく思われようと努めていますか。	
6	本当の自分の考えよりも親や人のいうことに影響されやすい方ですか。	
7	悲しみや憂うつな気持ちになることがよくありますか。	
8	あなたは遠慮がちで消極的な方ですか。	
9	親のご機嫌をとるような面がありますか。	
10	内心では不満だが，表面では満足しているように振る舞いますか。	

（出所）中村知子・杉田峰康（1984）『わかりやすい交流分析』

　すべてに回答したら，○は2点，×は0点，△は1点としてCP，NP，A，FC，ACのブロックごとに集計し合計点を得点表に記載します。そのうえで，それぞれの合計点を60ページのグラフに書き入れ，折れ線グラフを作成してください。

　エゴグラムでは，折れ線グラフの型によって，表13の1型から7型までの7つの自我状態に分類されます。作成した折れ線グラフが表13のうち，どの型に近いか見てみましょう。自分の結果を見てすべてピタッと当てはまっていたという人もいれば，少し違うところもあると感じた人もいるかもしれません。どちらの人も自分の性格傾向や特性を知る一つの手がかりにして，理想の未来を築くために活用することが大切です。

得点表

	CP	NP	A	FC	AC
合計点					

CP，NP，A，FC，ACのブロックごとに集計した合計点を
以下のグラフ書き入れ，折れ線グラフを作成してください。

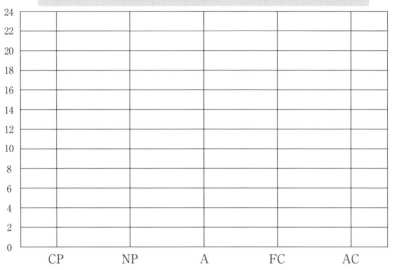

表13　自我状態の分類

型	グラフの特徴	自我状態の傾向
1型		対人関係のトラブルが少ない，人間関係が良好なタイプです。日本人の平均的なパターンといわれています。
2型		優しい印象で，思いやりがあり周囲に合わせます。頼まれると嫌と言えない，他人に尽くす献身タイプです。

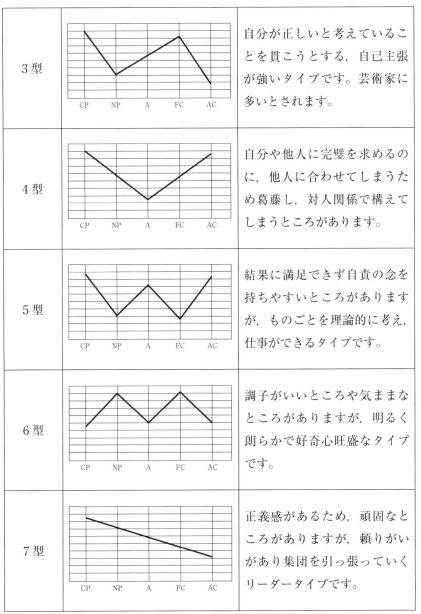

3型		自分が正しいと考えていることを貫こうとする，自己主張が強いタイプです。芸術家に多いとされます。
4型		自分や他人に完璧を求めるのに，他人に合わせてしまうため葛藤し，対人関係で構えてしまうところがあります。
5型		結果に満足できず自責の念を持ちやすいところがありますが，ものごとを理論的に考え，仕事ができるタイプです。
6型		調子がいいところや気ままなところがありますが，明るく朗らかで好奇心旺盛なタイプです。
7型		正義感があるため，頑固なところがありますが，頼りがいがあり集団を引っ張っていくリーダータイプです。

（出所）各種の資料より筆者が作成

エゴグラムでは，自我状態が低い箇所を上げるとバランスがよい自我状態に近づくとされています。59ページの得点表で，CP〜ACのうち合計点が低い箇所の自我状態を上げる方法を**表14**にまとめました。

エゴグラムの目的は，自分の自我状態の傾向を知ることであり，結果で「よい」「悪い」を判断するものではありません。自分の性格傾向や行動特性を理解して，強みを見つけるヒントとして活用してみてください。

表14　低い自我状態を上げる方法

自我状態	自我状態を上げる方法
CP が低い場合	・自分の考えや批判的意見を上手く伝える練習をする。 ・目標を立てて遂行する努力をする。 ・生活の中でやるべきことをきちんと守る。
NP が低い場合	・相手の立場に立って考える。 ・相手のよいところを見つけてほめる。 ・相手の否定的な言葉に反応しないようにする。
A が低い場合	・計画を立てて行動する。 ・自分の気持ちを文章にしてみる。 ・ものごとを分析する力をつけ理論的に考える。
FC が低い場合	・自分の楽しみを見つける。 ・何かに没頭してみる。 ・不快なことを考えないようにする。
AC が低い場合	・相手の表情などから相手の気持ちを考えてみる。 ・周囲に合わせてみる。 ・相手の話を最後まで聴く習慣をつける。

（出所）各種の資料より筆者が作成

第4章

仕事について知っておきたい基礎知識

1 適職を探すための知識

◈業種・業態・職種とは

　みなさんは，働く意味について考えたことがありますか？「あなたは何のために働きますか」と質問された時，どんな答えを返すでしょうか。たとえば「社会に役立ちたい」「自分の目標を達成したい」など，それぞれの思いを持っているでしょう。このような，自分の軸で自分のキャリアを選択していくために，業種・業態・職種研究は不可欠です。就職後に「思っていたイメージと違った」「やりたい仕事ではなかった」という，自分の思いと仕事のギャップに悩む人は少なくありません。一方で，自分の軸を基準として仕事ができている人は，働く意味を見出すことができるため，やりがいを持って働くことができます。**表15**は業種・業態・職種の関係性を示したものです。多数の同じ事業を一つに総称したものを業種といいます。業種の中にそれぞれの業態があり，さらに仕事内容を分類したのが職種です。

表 15 　業種・業態・職種の関係性の例

業種例	業態例	職種例
小売業	百貨店 スーパーマーケット ドラッグストア コンビニエンスストアなど	仕入れ 販売 人事 総務など
情報通信業	広告代理店 広告制作会社など	営業 マーケティング プロモーション 企画・制作など
金融業	都市銀行 地方銀行 信託銀行 ネット銀行など	営業 人事 総務 融資など

（出所）各種の資料より筆者が作成

業種・業態研究

　業種・業態研究をはじめる場合，自分の興味や関心に沿ってどのような業種・業態があるか調べていきます。業種は企業が扱っている商品やサービスの種類で分けられたもの，業態は営業形態によって分けられたものです。総務省の「日本標準産業分類」の大分類と中分類，小分類の一部を表 16 にまとめましたので参考にしてみてください。はじめから志望業種を一つだけに絞り込まず，いくつかを選ぶのがよいでしょう。とはいえ，広げすぎると知識が浅くなってしまいがちです。「広すぎず，狭すぎず」で業種・業態の研究をしていくうちに徐々に絞れてくるはずです。現在はグローバル化や IT 化などの影響で，労働市場は大きく変化しています。以下を参考に，希望する業種や業態の現在の状況だけでなく，過去の状況と将来の展望についても調べてみましょう。

過去の状況：過去 5 年ぐらいの市場規模の推移を調べる。
現在の状況：市場の動向や他業種からの参入状況などを調べる。
将来の展望：将来的にプラスの展望があるか，課題や問題点はあるかを調べる。

表16　日本標準産業分類

	大分類	中分類	小分類
A	農業 林業	農業	耕種農業，畜産農業，園芸サービスなど
		林業	育林業，素材生産業，林業サービス業など
B	漁業	漁業（水産養殖業を除く）	海面漁業，内水面漁業など
		水産養殖業	海面養殖業，内水面養殖業など
C	鉱業 採石業 砂利採取業	鉱業，採石業，砂利採取業	金属鉱業，石炭・亜炭鉱業，原油・天然ガス鉱業，採石業，砂・砂利・玉石採取業，窯業原料用鉱物鉱業（耐火物・陶磁器・ガラス・セメント原料用に限る）など
D	建設業	総合工事業	一般土木建築工事業，土木工事業（舗装工事業を除く），建築工事業（木造建築工事業を除く），木造建築工事業，建築リフォーム工事業など
		職別工事業（設備工事業を除く）	大工工事業，鉄骨・鉄筋工事業，左官工事業，板金・金物工事業，床・内装工事業など
		設備工事業	電気工事業，電気通信・信号装置工事業など
E	製造業	食料品製造業	水産食料品製造業，精穀・製粉業，パン・菓子製造業など
		飲料・たばこ・飼料製造業	清涼飲料製造業，酒類製造業，製氷業，たばこ製造業，飼料・有機質肥料製造業など
		繊維工業	織物業，ニット生地製造業，染色整理業など
		木材・木製品製造業（家具を除く）	製材業，木製品製造業，造作材・合板・建築用組立材料製造業など
		家具・装備品製造業	家具製造業，宗教用具製造業，建具製造業など
		パルプ・紙・紙加工品製造業	パルプ製造業，紙製造業，加工紙製造業，紙製品製造業，紙製容器製造業など
		印刷・同関連業	印刷業，製版業，製本業，印刷物加工業など
		化学工業	化学肥料製造業，医薬品製造業，化粧品・歯磨・その他の化粧用調製品製造業など
		石油製品・石炭製品製造業	石油精製業，潤滑油・グリース製造業（石油精製業によらないもの）舗装材料製造業など
		プラスチック製品製造業	工業用プラスチック製品製造業など
		ゴム製品製造業	タイヤ・チューブ製造業など
		なめし革・同製品・毛皮製造業	なめし革製造業，革製履物製造業，革製手袋製造業，かばん製造業，毛皮製造業など
		窯業・土石製品製造業	ガラス・同製品製造業，セメント・同製品製造業，陶磁器・同関連製品製造業など
		鉄鋼業	製鉄業，製鋼・製鋼圧延業など
		非鉄金属製造業	非鉄金属第1次精錬・精製業など
		金属製品製造業	洋食器・刃物・手道具・金物類製造業など
		はん用機械器具製造業	ポンプ・圧縮機器製造業など
		生産用機械器具製造業	金属加工機械製造業など
		業務用機械器具製造業	事務用機械器具製造業，医療用機械器具・医療用品製造業，光学機械器具・レンズ製造業など
		電子部品・デバイス・電子回路製造業	電子デバイス製造業，電子部品製造業，記録メディア製造業，電子回路製造業など
		電気機械器具製造業	産業用電気機械器具製造業など
		情報通信機械器具製造業	通信機械器具・同関連機械器具製造業など
		輸送用機械器具製造業	自動車・同付属品製造業など
		その他の製造業	貴金属・宝石製品製造業，楽器製造業など
F	電気・ガス・熱供給・水道業	電気	電気業など
		ガス	ガス業など
		熱供給	熱供給業など
		水道業	上水道業，工業用水道業，下水道業など

	大分類	中分類	小分類
G	情報通信業	通信業	固定電気通信業，移動電気通信業など
		放送業	公共放送業（有線放送業を除く），民間放送業（有線放送業を除く），有線放送業など
		情報サービス業	ソフトウェア業，情報処理・提供サービス業など
		インターネット付随サービス業	インターネット付随サービス業など
		映像・音声・文字情報制作業	映像情報制作・配給業，音声情報制作業，新聞業，出版業，広告制作業など
H	運輸業郵便業	鉄道業	鉄道業など
		道路旅客運送業	一般乗合旅客自動車運輸業，一般貸切旅客自動車運送業など
		道路貨物運送業	一般貨物自動車運送業，特定貨物自動車輸送業，貨物軽自動車運送業，集配利用運送業など
		水運業	外航海運業，沿海海運業，内陸水運業など
		航空運輸業	航空運送業など
		倉庫業	倉庫業（冷蔵倉庫業を除く），冷蔵倉庫業など
		運輸に付帯するサービス業	港湾運送業，貨物運送取扱業（集配利用運送業を除く），運送代理店など
		郵便業（信書便事業を含む）	郵便業（信書便事業を含む）など
I	卸売業小売業	各種商品卸売業	各種商品卸売業など
		繊維・衣服等卸売業	繊維品卸売業（衣類・身の回り品を除く）衣服卸売業，身の回り品卸売業など
		飲食料品卸売業	食料・飲料卸売業など
		建築材料、鉱物・金属材料等卸売業	建築材料卸売業，化学製品卸売業，石油・鉱物卸売業，鉄鋼製品卸売業など
		機械器具卸売業	自動車卸売業など
		その他の卸売業	医薬品・化粧品等卸売業など
		各種商品小売業	百貨店，総合スーパーなど
		織物・衣服・身の回り品小売業	呉服・服地・寝具小売業，男子服小売業，婦人・子供服小売業，靴・履物小売業など
		飲食料品小売業	各種食料品小売業，食肉小売業，鮮魚小売業，酒小売業，菓子・パン小売業など
		機械器具小売業	自動車小売業，自転車小売業など
		その他の小売業	家具・建具・畳小売業，じゅう器小売業，医薬品・化粧品小売業，書籍・文房具小売業など
		無店舗小売業	通信販売・訪問販売小売業など
J	金融業保険業	銀行業	中央銀行，銀行（中央銀行を除く）など
		協同組織金融業	中小企業等金融業，農林水産金融業など
		貸金業，クレジットカード業等非預金信用機関	貸金業，質屋，クレジットカード業，割賦金融業など
		金融商品取引業，商品先物取引業	金融商品取引業，商品先物取引業，商品投資顧問業など
		補助的金融業等	補助的金融業，金融附帯業，信託業など
		保険業（保険媒介代理業，保険サービス業を含む）	生命保険業，損害保険業，共済事業，少額短期保険業，保険媒介代理業など
K	不動産業物品賃貸業	不動産取引業	建物売買業，土地売買業，不動産代理業・仲介業など
		不動産賃貸業・管理業	不動産賃貸業（貸家業，貸間業を除く），貸家業，貸間業，駐車場業，不動産管理業など
		物品賃貸業	各種物品賃貸業，自動車賃貸業など

	大分類	中分類	小分類
L	学術研究 専門・技術 サービス業	学術・開発研究機関	自然科学研究所，人文・社会科学研究所など
		専門サービス業（他に分類されないもの）	法律事務所，特許事務所，公認会計士事務所，税理士事務所，社会保険労務士事務所，デザイン業，著述・芸術家業など
		広告業	広告業など
		技術サービス業（他に分類されないもの）	獣医業，土木建築サービス業，機械設計業，商品・非破壊検査業，計量証明業，写真業など
M	宿泊業 飲食サービ ス業	宿泊業	旅館，ホテル，簡易宿所，下宿業など
		飲食業	食堂，レストラン（専門料理店を除く），専門料理店，そば・うどん店，すし店，酒場，ビヤホール，喫茶店など
		持ち帰り・配達飲食サービス業	持ち帰り飲食サービス業，配達飲食サービス業など
N	生活関連 サービス業 娯楽業	洗濯・理容・美容・浴場業	洗濯業，理容業，美容業，一般公衆浴場業など
		その他の生活関連サービス業	旅行業，家事サービス業，衣服裁縫修理業，冠婚葬祭業など
		娯楽業	映画館，公園，遊園地，遊戯場など
O	教育 学習支援業	学校教育	幼稚園，小学校，中学校，高等学校，中等教育学校，特別支援学校，高等教育機関，専修学校，各種学校，幼保連携型認定こども園など
		その他の教育，学習支援業	社会教育，職業・教育支援施設，学習塾，教養・技能教授業など
P	医療 福祉	医療業	病院，一般診療所，歯科診療所，療術業など
		保健衛生業	保健所，健康相談施設など
		社会保険・社会福祉・介護事業	社会保険事業団体，福祉事務所，児童福祉事業，老人福祉・介護事業，障害者福祉事業など
Q	複合サービ ス事業	郵便局	郵便局，郵便局受託業，簡易郵便局など
		協同組合（他に分類されないもの）	農林水産業協同組合（他に分類されないもの），事業協同組合（他に分類されないもの）など
R	サービス業 （他に分類 されないも の）	廃棄物処理業	一般廃棄物処理業，産業廃棄物処理業など
		自動車整備業	自動車整備業など
		機械等修理業	機械修理業（電気機械器具を除く），電気機械器具修理業など
		職業紹介・労働者派遣業	職業紹介業，労働者派遣業など
		その他の事業サービス業	建物サービス，警備業など
		政治・経済・文化団体	経済団体，労働団体，学術・文化団体など
		宗教	神道系宗教，仏教系宗教，キリスト教系宗教など
		その他のサービス業	集会場，と畜場など
		外国公務	外国公館など
S	公務（他に 分類される ものを除く）	国家公務	立法機関，司法機関，行政機関
		地方公務	都道府県機関，市町村機関
T	産業	分類不能の産業	分類不能の産業

（出所）総務省「日本標準産業分類」のホームページを参考に筆者が作成
https://www.soumu.go.jp/toukei_toukatsu/index/seido/sangyo/02toukatsu01_03000023.html

◎ 職種研究

　職種を研究する際は，入社した直後の自分をイメージするだけでなく，1年後，3年後，5年後に「自分がどうなっていたいか」という，キャリアビジョンを持つことが大切です。キャリアビジョンを持つと，仕事のイメージや収入面だけにとらわれて職種を選択してしまうことが避けられます。志望職種を絞っていく場合は「小売業の販売」「情報通信業の制作」のように「業種×職種」で考えると，自分の働く姿がイメージしやすくなります。また，その際に「この仕事はみんなで成し遂げることに喜びを得られそう」「この仕事は社会に貢献することでやりがいが得られそう」など，仕事をしていくうえで自分の価値観に合っているかどうか，その仕事が自分のやりがいを得られるかどうかを視野に入れて考えてみることです。自分の価値観に応じた選択をすることは，入社後に自分の能力を十分に発揮できる可能性が高く，充実したキャリアに繋がります。志望業種と業態，職種が固まってきたら企業研究をしていきます。次に企業研究のポイントについて解説します。

◎ 企業研究

　同じ業種でも，企業によって企業理念や働く条件は異なります。企業研究をする場合に大切なのは，知名度やイメージだけで企業を判断せず，客観的に分析することです。選ぶ時の基準として，消費者向けの商品やサービスを提唱する BtoC（Business to Consumer）の企業に目を向けがちですが，企業向けの商品やサービスを提供する BtoB（Business to Business）の中には，商品やサービスが世界で高く評価されている企業も数多くあります。興味が持てる企業をピックアップして，69 ページの企業研究・メモにチェックポイントを書き出してみてください。自分の価値観と合う企業なのか判断する材料として，ピックアップした企業の経営理念に共感できるかどうかは重要なポイントです。先入観で決めつけずに，幅広く企業研究をしてみましょう。

企業研究・メモ

企業の詳細

■企業の正式名，代表者名，創業，設立：創業年数や沿革，歴史のある企業か新興企業かなど
■事業内容：どのような事業を展開しているか，主要商品やサービスは何かなど
■売上高：年間の売上高，過去から現在の売上高は伸びているかなど
■従業員数：総従業員数，男女比，従業員の平均年齢など

■

■

■

■

経営理念・社風

■経営理念：どのような経営理念か，ビジョンなど
■社風：どのような社員が働いているか，求めている人物像など

■

■

仕事の内容，働く条件

■募集職種，業務内容：募集している職種，仕事の内容など
■選考方法：エントリーの時期，選考ステップなど
■勤務時間，休日，休暇：勤務時間や休日，年間の休日数，休暇制度など
■給与ほか：初任給，基本給，賞与，福利厚生制度，社会保険，研修制度など

■

■

■

■

2 さまざまな働き方

❷働き方の変化

　少子高齢化などによる生産年齢人口の減少や，働く人のニーズの多様化により，企業は限られた労働力で生産性を向上しなければならないという問題に直面しています。このような状況に対して，働く人の意欲や能力を十分に発揮できる環境整備とともに，就業機会を増やしていくことが重要な課題となっています。働く人のニーズに応じて，一人一人が将来に希望を持って働くことができる社会を目指して，2018年6月に「働き方改革関連法」が可決・成立されました。働き方改革では，労働時間法制の見直しや正社員と非正規社員の不合理な待遇の格差是正など，多様で柔軟な働き方が選択できるような取り組みがなされています。

　企業では，従来のような固定化された時間にフルタイムで働く勤務形態だけでなく，時短勤務やフレックス制，テレワークなどが取り入れられ，働く時間や働く場所などが多様化しています。また，雇用形態も多様化（表17）しており，近年では副業や兼業などを認める企業も増えています。今後は，個人のライフスタイルやライフステージに合わせて，さまざまな働き方を選択していく人が増えていくと考えられます。

表17　さまざまな雇用形態

正社員（フルタイム）	労働契約で雇用期間の定めがない
短時間正社員	労働契約で雇用期間の定めがなく，正社員より所定労働時間（もしくは日数）が短い
契約社員	労働契約であらかじめ雇用期間が定められている
パートタイム労働者	同一企業などの通常の労働者より1週間の所定労働時間が短い
派遣労働者	派遣元と労働契約を結び派遣先の企業などで働く
業務委託契約を結ぶ	企業などと業務委託契約を結び業務を請け負う
自営型テレワーク	注文者からの依頼を受けて，情報通信機器を使用し自宅や自宅に準じた場所で業務を請け負う
家内労働者	個人が委託を受けて物品の製造などを請け負う

（出所）各種の資料より筆者が作成

Ⅱ
コミュニケーションスキル

第 5 章

コミュニケーションを高めるための知識とスキル

1 | VUCA 時代に求められるコミュニケーションスキル

⚙コミュニケーションスキルの重要性

　VUCA 時代は，テクノロジーの進化による技術の革新や新しいビジネスモデルが次々と登場するなど，変化が著しく先が見通しにくい時代といわれます。前述しましたが，働き方や働く環境も多種多様となり，希望の会社に就職できたら，そのまま一生安泰というわけにはいきません。これまでの常識では考えられない，予測不可能なアクシデントに見舞われる可能性もあります。このような不確実性が高い時代では，変化に柔軟に対応できるスキルが重要になってきます。

　仕事をするにあたって必要なスキルのうち，ハードスキルとはプログラミング技術やマーケティングなど，専門的な技術や技能のことをいいます。これに対して，コミュニケーションスキルやビジネスマナー，プレゼンテーションスキルなどはソフトスキルと呼ばれています。どちらも大切なスキルですが，特にソフトスキルは職種や業種に限定されたス

キルと違い，あらゆる場面で応用できます。そのため，近年ではその時々で柔軟に対応できるソフトスキルの重要性が高まっています。

多様化が進む現代社会では，さまざまな他者の立場や考えなどを理解し協働していく力が求められています。経済産業省が提唱した人生100年時代の社会人基礎力では，2006年に提唱された社会人基礎力に引き続き3つの能力の一つである「チームで働く力」の12の能力要素に，発信力や傾聴力といったコミュニケーションスキルが構成要素として位置づけられています。文部科学省の中央教育審議会の答申（2011）でも，基礎的・汎用的能力の「人間関係形成・社会形成能力」で「社会とのかかわりの中で生活し仕事をしていく上で，基礎となる能力」とされているなど，コミュニケーションスキルは重要視されています。日本経済団体連合会の調査では，企業が新卒者を採用する際に重視するのは「コミュニケーション能力」で，連続して上位を占めていることを示しています（2018年の調査で，過去16年連続1位）。今後も，企業は継続してコミュニケーションスキルが高い人材を求めていくと考えられます。

今日ではグローバル化が急速に進み，年齢や性別，文化，民族の違いなど，さまざまな背景を持った人とコラボレーションし，成果を出していくことが必要とされます。人間社会の基礎をなすのはコミュニケーションであるといわれるように，コミュニケーションは私たちに不可欠で重要なものです。VUCA時代には多様性を受け入れ，柔軟に対応できるコミュニケーションスキルが求められているのです。

◎ VUCA時代に必要とされる「エンパシー」

今日では，多様な他者と良好な関係を築き，コラボレーションして成果を出していかなくてはなりません。このような状況のコミュニケーションにおいて，重要となる概念がエンパシーです。エンパシーとは，自分と違う価値観の人の考えや思いを想像し理解するスキルのことです。

エンパシーを表す英語の慣用句として「put yourself in someone's shoes（他人の靴を履く）」というフレーズがあります。「他人の靴を履く」とは，その人の立場に立ってみるということです。エンパシーは，よくシンパシーと比較されることがありますが，シンパシーは「同情」などと訳されます。たとえば，悲しんでいる人のことを「かわいそう」と哀れむような感情です。エンパシーは「共感力」などと訳され「この人はこんな気持ちなのだろう」「この人はこんなふうに思っているのかな」と，相手の立場に立って想像することです。エンパシーは，相手に対して認知面で理解するスキルと考えられています。

　人は必ずしも自分と同じ考えや感情を持っているとは限りません。学校や職場，プライベートの人間関係でも，自分と相手の考えや感情が同じ人だけでなく，違う人のことも理解する共感力がないと，相手を尊重することができません。立場の違う人たちとコラボレーションして，成果を生み出すのに必要なのがエンパシーなのです。

🌀自分と違う価値観を理解する

　エンパシーを身につける出発点は，まず「ものごとの見方や感じ方は必ずしも自分と人は同じではない」と理解することです。

　図9を見てください。あなたは，この図が何に見えましたか？「壺に見える」という人もいれば，「向かい合った人に見える」という人もいると思います。また，「向かい合った人」に見えた場合でも，「向かい合って楽しく会話している」と感じた人もいれば，「向かい合って静かに見つめ合っている」と感じた人もいるでしょう。

　同じものごとでも人によって見方や感じ方は異なり，自分と同じとは限りません。このように，人の価値観には違いがあるものだと認識したうえで「この人はどんな経験をしたのだろう」「この人は何を伝えようとしているのだろう」と，相手の立場に立って考えられることが多様性の社会で大切なのです。

左の図は，デンマークの心理学者E.J.ル
ビンが作成した「ルビンの壺」と呼ばれ
る図形です。黒い部分に注目すると壺に
見え，白い部分に注目すると人が向き合っ
ているように見えます。一つの絵であり
ながら，何通りかの見え方をする多義図
形で，トリックアートとも呼ばれます。

図9　ルビンの壺

2 | コミュニケーションの手段

◈非言語コミュニケーションと言語コミュニケーション

　コミュニケーションとは，互いに知覚・感情・思考を伝え合うこと
です。情報の伝達だけなく，相手との良好な関係の構築や継続とい
う役割があります。「共有する」「分かち合う」という意味のラテン語
「Communis」が語源とされているように，コミュニケーションは一方
通行では成り立ちません。ともすれば「伝えること」だけに集中してし
まいがちですが，伝えたいことが相手に正しく伝わり，意思疎通ができ
てはじめてコミュニケーションは成り立ちます。つまりコミュニケー
ションとは，「伝わること」を意識して伝えることで，理解し合うこと
が大切なのです。

　コミュニケーションは，さまざまなルートを通して伝達されます。こ
のルートのことをチャネルといいます。チャネルの違いによってコミュ
ニケーションの手段は，言語コミュニケーションと非言語コミュニケー
ションの2つに分けられます。76ページの表18のように，言語コミュ
ニケーションとは，言葉によるコミュニケーションで話の内容や言葉の

意味のことです。非言語コミュニケーションとは，言葉以外の表情や視線，姿勢，しぐさ，声の調子，服装，メイクアップ，髪型などによるコミュニケーションのことです。双方が補完し合って，良好なコミュニケーションが成り立ちます。

表18　コミュニケーションの手段

コミュニケーションの手段	内容
言語コミュニケーション （バーバルコミュニケーション）	話の内容，言葉の意味
非言語コミュニケーション （ノンバーバルコミュニケーション）	表情，視線，姿勢，しぐさ，声の調子，話の間の取り方，口調，服装，メイクアップ，髪型，アクセサリー，香り，対人距離，身体接触，空間の使い方など

（出所）各種の資料より筆者が作成

3 │ 非言語コミュニケーションが重要な理由

◎メラビアンの法則とは

普段，話している時の表情や声についてあまり意識しないものですが，非言語コミュニケーションが重要な理由について，心理学者の A. メラビアンの研究で明らかにされた，メラビアンの法則と呼ばれている理論があります。メラビアンは，対面でのコミュニケーションで言葉の情報と表情などの視覚情報，声の調子などの聴覚情報が矛盾している場合は，視覚情報が全体の 55 パーセントで最も優先され，次に聴覚情報の 38 パーセント，そして言語情報の 7 パーセントの順であることを明らかにしました（図10）。

たとえば，口論になった友達に「ちょっと言い過ぎてしまったな」と反省し，自分が謝る場面を想像してみてください。「ごめんね」と謝ったあなたに対して，友達が「もう，気にしなくていいよ」と笑顔で明る

い声の返答だったなら，あなたは友達と仲直りできたと理解して安心しますよね。ところが友達が「もう，気にしなくていいよ」と言葉では言ってくれたとしても，暗い声で無表情だった場合はどうでしょうか。あなたは友達の言葉の意味よりも，表情や声のトーンのほうを優先して「まだ怒っているな」「許してくれないかも」と不安になるのではないでしょうか。

このように，人は相手から発信された情報の意味を解釈する時，言葉だけに頼っているわけではありません。前述したように，メラビアンの法則では，視覚情報＞聴覚情報＞言語情報の順に優先されます。話し手の言語情報が本当かどうかを，聴き手は非言語情報を優先して判断しているのです。

言語情報と非言語情報に矛盾があると，相手に伝えたいことが正しく伝わらなかったり，相手を不安にさせたりします。コミュニケーションというと，言葉に意識を向けがちですが，言語コミュニケーションだけでなく，非言語コミュニケーションを意識することで，よい関係が築かれ，よい関係を継続していくことができるのです。

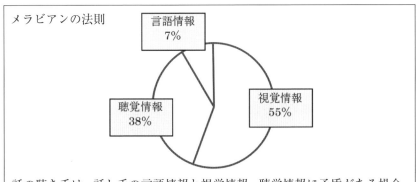

話の聴き手は，話し手の言語情報と視覚情報，聴覚情報に矛盾がある場合，視覚情報（55％）＞聴覚情報（38％）＞言語情報（7％）の順に優先します。これをメラビアンの法則といいます。

図10　メラビアンの法則　(出所) 筆者が作成

4 | コミュニケーションスキルを高める方法

◎ 「無意識」の振る舞いを「意識」する

　コミュニケーションに苦手意識を持つ人は少なくありません。学生や社会人の方々にコミュニケーションの講座を行っていると「コミュニケーションが苦手」という話をよく耳にします。同時に「コミュニケーションは，どうやったら上手くなるのですか」という質問もよく受けます。

　コミュニケーション力を高めるための一つとして，自分の無意識の振る舞いに意識を向けて「無意識」を「意識」する方法があります。コミュニケーションが上手い人は，人と接している時に自分がどんな振る舞いをしているか，自分の態度を客観視して意識できています。もともとこの習慣が身についていた人もいれば，経験する中で身についた人もいると思いますが，これは後からでも習得できるスキルです。

　自分の考えや思いを相手に伝える時，言葉を選び，どんな話をするか，内容を意識してよく考えますよね。コミュニケーションというと，言語を中心に考える人が多いと思います。一方で非言語については，普段はあまり気にしていないという人が多いかもしれません。

　非言語コミュニケーションの研究者である L. バードウィステルは，二者間のコミュニケーションにおいて，言葉で伝えられるのは全体の35パーセントにすぎず，65パーセントは言葉以外によると分析しています。つまり，言葉とともに発信された相手の表情や声の調子など，言葉の内容以外の要素が大きく影響を及ぼすことが示唆されています。

　意識が向きやすい言語コミュニケーションに対して，非言語コミュニケーションは意識されない場合も多く，そのため本人の自覚がないままに相手に情報が伝わり，それが誤解を招く原因にもなっているのです。たとえば就職や転職の面接試験で，自己 PR の内容は念入りに準備をして臨んだのに，表情や視線の置き方，声の調子などで，採用担当者に自

己PRの発言内容とは違う印象を持たれてしまうというような場合です。

　コミュニケーション力を高めるためには，相手に「何を伝えるか」という言葉の内容と同時に，言葉を伝える時の表情や視線，声やしぐさなどの非言語とともに「どう伝えるか」を意識することがとても大切なのです。さらに，相手の非言語の情報を読み解く力をつけることで，無意識の部分を意識できるようになります。コミュニケーションは，やり取りの過程によって結果が表れます。やり取りの過程の中で，相手をよく観察し，そこで気づいたことを読み解き，状況に応じて対応します。コミュニケーションの結果がどうだったか検証し，試行錯誤を繰り返してよりよいコミュニケーションに繋げていきます（図11）。

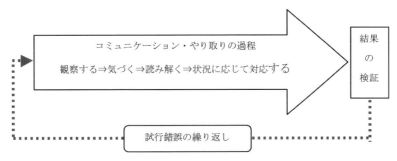

図11　非言語情報を読み解く力をつける過程　（出所）筆者が作成

◉メタ認知力を養う

　コミュニケーションのやり取りの過程の中では，不本意なことが起こることがあります。たとえば，人に挨拶した時に，相手に無視されたというような場合「もしかしたら嫌われているのかな」「何か不快な思いをさせたのだろうか」などと不安に思ってしまいます。嫌なことが巻き起こったら，気になって何も手につかなくなったり，怒りで相手を責めたりしてしまいがちです。でも，これがドラマや映画の一場面であったとしたら「もっとこうすればいいのに」「ほかにも対応の仕方があるのに」などと客観視できますよね。

このように，現在の自分の感情や思考に意識を向け，自分を一段上から見るようなイメージで客観視し，自分自身を認識することをメタ認知といいます。メタ認知の「メタ（meta）」とは，高次元のことを意味します。1970年代の末ごろから，アメリカの心理学者 J. フラベルにより提唱された概念です。メタ認知力があると，自分のことを一段上から冷静に見ることができるので，自分が置かれている状況を客観的に判断でき，問題解決していける能力が高まります。たとえば先の例では，メタ認知がある場合は「相手が挨拶を返してくれないことにショックを受けている自分」を客観的に認識できます。このように，自分の認知をモニタリングすることを「メタ認知的モニタリング」といいます（図12）。そうすると「挨拶をした時の自分の声が小さくて，相手に聴こえなかったのかもしれない」と振り返ることができ「次は大きな声で元気に挨拶してみよう」と考えることができます。つまり「なぜそうなるのか」「どうすればよいのか」を考えることができるのです。これを「メタ認知的コントロール」といいます（図12）。

　コミュニケーション力を高めるために，前述した「無意識」を「意識」することに加え，自分の考えや感情を外側から見るメタ認知力を養うことが大切です。メタ認知力を養うためには「こうあるべき」「自分には無理」と考えないことです。「こうあるべき」と決めつけてしまうと，自分自身に制限をかけてしまいます。また「自分には無理」とあきらめてしまうと，その時点でものごとを先へ進めていくことができません。このように考えてしまうことは，自分の可能性や潜在力を自らが無くしてしまっていることになります。ものごとは「絶対にこれでなければいけない」ということも「見方は一つだけ」ということもありません。見る人の立場や状況によって変わるものです。「こうあるべき」「自分には無理」という考え方をやめると「ほかにも方法があるかもしれない」「この方法に変えると自分にもできる」と前向きな気持ちになり，メタ認知力を養う手助けとなってコミュニケーション力を高めるために役立ちます。

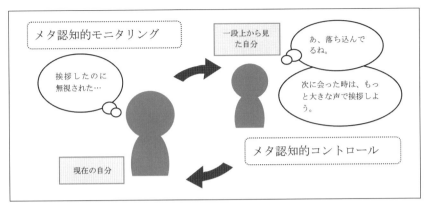

図12　メタ認知的モニタリングとメタ認知的コントロール　（出所）筆者が作成

◎自己開示で心のガードを解く

　初対面の相手との会話で「いま一つ心のガードが取り払えない」「何を話せばいいのかわからない」と，苦手意識を持つ人は少なくありません。このような場合にお互いの心の距離を縮めるには，先に自分の情報を相手に伝える自己開示が効果的です。自己開示とは「人に個人的なことを知らせる行為」とされています。自分から先に自己開示をすると，相手が自分に対して「趣味が同じ」「好きなものが似ている」などの共通点を見つけることができます。そのため，心のガードが解けて短期間で親しくなれる可能性が高まります。

　自己開示する場合は，特別なことを話さなくても大丈夫です。自分が日常していることや経験したことなどを，気持ちを交えて話します。自己開示には返報性があるため，自分が自己開示すると相手も自己開示をしてくれます。さらに，自己開示が進んでいくと悩みを打ち明けたり，相談し合ったりという関係になり，お互いに信頼できる友人になり，固い友情で結ばれることもあります。とはいえ，中には自己開示をしたくない人もいます。その場合は，無理に自己開示してもらおうと思わず，自分の自己開示も相手に負担をかけない程度にとどめておきましょう。

第6章

多様な人とコラボレーションするための話の聴き方と話し方

1 | 共感力を育む話の聴き方

◎傾聴力をつける

　コミュニケーションでは「人の話をしっかり聴くことが大切」とよくいわれますよね。「傾聴力」という言葉を耳にしたことがある，という人もいると思います。聴くという「聴」の漢字は，耳へんに十四と心と書きます。聞くの「聞」と異なり，「聴」の漢字には十四の多くの心で聴く，という意味が込められているといいます。傾聴力とは，自然に入ってくる音や話し声を聞くのとは違い「この人がわかってほしいことは何か」「この人は何を伝えようとしているのか」と，相手に向き合って話を聴く力のことです。人は誰でも自分に関心を持ってほしい，理解してほしい，自分を認めてほしいと思っています。話を聴くことは「あなたに関心があり，あなたのことを理解しようと思っている」という，相手への気持ちを伝えることに繋がります。話をしっかり聴くことで信頼関係が形成され，よい人間関係を築いていけるきっかけになるのです。

⦿人の話は「コップ理論」で最後まで聴く

　人の話を聴く時に大切なのが，最後までしっかり聴くことです。とこ
ろが，意外と話を最後まで聴くことはできないものです。たとえば，友
人から「新しくできた○○カフェに行く」という話を聴いた時，自分の
頭の中に「そのカフェに行ってきたけど，よくなかった」「もっといい
お店があるのに」などのアドバイスが浮かびます。そして，早く伝えて
あげたいとの思いから無意識に相手の話を遮り，自分の話にしてしまい
がちなのです。

　人の話を最後まで聴くことに役に立つのが「コップ理論」です。コッ
プ理論は心をコップに，感情の量を水にたとえたコミュニケーションの
ことをいいます。会話の相手が「あれも話したい，これも話したい」と，
話したいことがたくさんある状態は，コップに水がいっぱい入っている
状態です。話を聴く方も「早くアドバイスをしてあげたい」「これも伝
えてあげなくては」と，コップに水がいっぱい入った状態でいると，お
互いのコップの水があふれるように感情があふれ出してしまいます。両
者が「自分が，自分が」となっていては，円滑なコミュニケーションは
できません。人の話を聴く時は，図13のようにいったん自分のコップ
の水を空っぽにして，相手のコップの水を受け入れる準備をします。

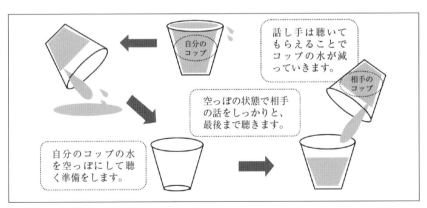

図13　コップ理論　（出所）筆者が作成

コップを空っぽにして相手の話を聴くと，落ち着いて最後まで聴くことができます。話をする側も，話すことで自分のコップの水が徐々に減り，聴き手からの話を受け入れる準備ができていきます。お互いの水が徐々に入れかわると，両者が理解し合えた状態になります。

　口論になりそうな時などはすぐに反論せず，コップ理論を頭に浮かべて，相手の話をしっかり聴いてから自分の意見を述べるようにします。また，謝罪する時もすぐに言い訳などをせず，相手の話を最後まで聴いて対応すると，相手も冷静になってくれるでしょう。

❷表情，アイコンタクト，うなずき，あいづちを意識する

　相手の話をしっかりと聴いていたとしても，理解していることや共感していることが相手に伝わっていなければ，よいコミュニケーションは成り立ちません。会話をしている時に，聴き手の反応が乏しい場合は，話し手は「自分の話を聴いてくれていない」「自分に共感してくれていない」など，誤った解釈をしてしまう場合があります。

　話を理解しているか，共感しているかは，聴き手の表情，アイコンタクト，うなずき，あいづちを通して伝わります。私が大学で講義をしていると，真剣な表情とアイコンタクトで「うん，うん」とうなずきながら話を聴いてくれる学生がいます。そんな学生が教室にいると「ちゃんと聴いてくれているんだな」「理解してくれているんだな」と安心すると同時に，さらにやる気が出るものです。

　話を真剣に聴いていることが伝わると，相手の「話したい」という気持ちが促進され，会話を活気づけることがわかっています。オレゴン大学のJ. D. マタラッツオらは，実際の公務員試験の面接という場でうなずきに関する実験を行いました。すると，面接官が意図的にうなずいた受験者は，そうでない受験者に比べ，約50パーセントも会話が促進されたことが明らかになりました。また，好感度とアイコンタクト，うなずきの度合いには正の相関があることも示唆されています。ウェールズ

大学の R. フォーブスらの研究では，就職試験の面接で面接官が採用者に，不採用者の 2 倍のアイコンタクトとうなずきをしたことがわかりました。

　うなずく時はアイコンタクトをして，表情は相手の感情に合わせ「うん，うん」とうなずきます。特に重要な場面や心が打たれた場面では，一呼吸おいて「うーん」と深くうなずきます。気をつけなければいけないのが，うなずく時のタイミングです。相手の話に間髪入れず素早くうなずくのは，適当に話を聴いているかのような印象を与えてしまい，会話が滞る原因にもなるため注意が必要です。また，うなずきとともに，あいづちも話を真剣に聴いていることを伝える大切なサインです。あいづちは，会話の中で「驚き」「感心」「納得」「感謝」のポイントで，タイミングを計って打ちます。驚きや感謝のあいづちは，感嘆符をつけるイメージで感情を込めます。感心や納得は，余韻を残すようにあいづちを打ちます。**表 19** はあいづちの例です。あいづちはポジティブな言葉で，相手の感情に合わせると好印象です。

　コミュニケーションが上手い人は，聴き上手だといわれます。話を真剣に聴き，相手を理解していることや，相手に共感していることを上手く伝えながら聴くことができる人なのです。

表 19　シチュエーション別あいづちの例

シチュエーション	あいづちの例
驚いた時	「すごいですね」「驚きました」「びっくりしました」「知らなかったです」など
感心した時	「素晴らしいですね」「さすがですね」「素敵ですね」「感銘を受けました」など
納得した時	「そうですね」「いいですね」「承知いたしました」「おっしゃる通りです」など
感謝する時	「嬉しいです」「ありがたいです」「助かります」「恩義を感じます」など

（出所）筆者が作成

✿ミラーリングとマッチングを活用する

　相手への共感を伝える方法として，非言語コミュニケーションによる
ミラーリングとマッチングがあります。

　人は好きな人と一緒にいると，無意識に相手のことを真似るという行
動をとります。カフェなどで仲良さそうに会話している２人のうち，１
人が飲み物を飲むともう１人も飲み物を飲みだすという行動を見かける
ことがあります。これは相手に対する好意を，動作を通して伝えている
行動でミラーリングと呼ばれています。お互いのコミュニケーションが
上手く進んでいる時は，頻繁に同じ動作をすることがわかっています。

　人には，自分に似た相手に好意を抱くという類似性の法則が働きます。
ミラーリングされた人が，ミラーリングをした相手に好意を抱き，親近
感や信頼感が増すことをミラーリング効果といいます。このような効果
をコミュニケーションに上手く生かすと，相手と心の距離を近づけるこ
とが可能です。

　ミラーリングでは，しぐさ，姿勢，表情を相手に合わせます。真似を
しているという印象を与えないように，相手がペンを持ったらタイミン
グを少しずらして自分も持つなど，さりげなく行います。また，相手が
身を乗り出して話しているなら，こちらも身を乗り出して聴く，相手が
楽しそうに話しているなら，こちらも楽しそうな表情で話を聴きます。
ただし，ミラーリングは腕や足を組むしぐさ，怒りの表情などを合わせ
ると逆効果になることもあるため気をつけることが必要です。

　ミラーリングと同様に，非言語コミュニケーションで共感を伝える方法
にマッチングがあります。マッチングでは，相手と会話のペースや声の調
子を合わせていきます。話のスピードや声のトーン，声のボリュームなど
を相手に合わせることも，親近感や信頼感を深める重要な要素となるのです。

　マッチングの方法は，相手の会話のペースをよく観察し，話のスピー
ド，声のトーン，声のボリュームを合わせて相手との共通点をつくりま
す。会話のペースを同じにして，相手と息を合わせていくことで，相手

に共感していることが伝わります。会話の相手は，自分と同じスピードで話す人のことを，より有能であると判断する傾向があるため，特に重要な場面では相手と話すスピードが同じになるようにします。

　マッチングで気をつけるのは，クレーム対応の場合です。感情的になっている相手の声のトーンや大きさ，スピードなど，すべてを合わせてしまうと相手の感情を逆なですることになりかねません。相手が早口でしゃべっている場合はゆっくりと，甲高い声で怒っている場合は落ち着いた低めの声で，状況を見極めて対応することが重要です。

❀バックトラッキングで理解と共感を伝える

　バックトラッキングとは，会話中に相手が話した重要な言葉をリピートすることで理解と共感を伝える方法です。ポイントは，相手が話した内容の「出来事」と「気持ち」に着目して言葉をリピートすることです。

　以下は，バックトラッキングのよい例です。

Aさん　「今日のプレゼン，クライアントから想定外の質問をされて焦ったよ」

Bさん　「想定外の質問をされたの，それは大変だったわね」

Aさん　「うん，事前にシュミレーションして質問の答えを念入りに準備してたのに，突然想定外の質問されたから怯んでしまって」

Bさん　「そうなんだ。突然想定外の質問されると怯むわよね」

Aさん　「大事なプレゼンだったからショックが大きくて……」

Bさん　「そりゃそうよね。大事なプレゼンだとショックを受けるわよね」

　このようにリピートすると，AさんはBさんから返された言葉を聴いて「わかってくれている」「共感されている」と感じることができます。また，Aさんは話すことで感情が解放され，気持ちが楽になり会話に納得することができます。

次はバックトラッキングの好ましくない例です。

Ａさん 「今日のプレゼン，クライアントから想定外の質問をされて焦ったよ」
Ｂさん 「へぇー，そうなんだ」
Ａさん 「うん，事前にシュミレーションして質問の答えを念入りに準備してたのに，突然想定外の質問されたから怯んでしまって」
Ｂさん 「それぐらいのこと，誰にでもあるわよ」
Ａさん 「でも，大事なプレゼンだったからショックが大きくて……」
Ｂさん 「気にしなくて大丈夫よ。私もプレゼンで，クライアントから意味不明の質問されたことがあって～」

　この例では，一見Ｂさんはａさんを励ましているような印象を受けますが，結果的にＢさんの経験値に照らし合わせて評価したり，Ｂさんの話にすり替えたりして，Ａさんの話をきちんと聴けていません。このような会話では，Ａさんは「自分の気持ちをわかってくれない」と感じてしまいます。たとえ，ＢさんがＡさんを思って励ましやアドバイスをしたとしても，その気持ちは伝わらない可能性があるのです。
　バックトラッキングを意識して会話をすると，肯定的に話を聴いていることが相手に伝わり，理解や共感がされているという安心感や信頼感が深まります。バックトラッキングは対面時だけでなく，お互いの顔が見えない電話などでも，親近感を深める一つの方法として活用できます。

◉話を聴く態度に注意する
　たとえ悪気が無くても，話の最中に時計を見たり携帯電話を見たりする態度は，相手に「この人は自分の話を聴く気がない」と感じさせてしまい，何を話しても無駄だと思わせてしまいます。このような態度は「話に飽きている」「うんざりしている」というサインにもとられてしま

い，相手が途中で話を止めてしまうかもしれません。そうなると，重要な話を聴き逃してしまう恐れもあります。自分では気づいていないこともあるため，無意識の態度に注意を払うことが必要です。また，いくら耳で話を聴いていても，相手に視線を向けずに，作業をしながら話を聴いたりパソコンの画面を見ながら返事をしたりするのも，話しても無駄だと思わせてしまう態度です。相手の顔を見ながら話を聴くと，表情などからその人の状況をくむことも可能です。また，相手の話に関心を持っていることが伝わります。

　さらに，聴く時の姿勢も大切です。姿勢には，その人の心理状態が表れます。人が心を開いている時は，体の前面をオープンにした姿勢になる一方で，警戒心がある時や好意を抱いていない時は，体の前面がクローズした姿勢になります。足や腕を組んだクローズの姿勢は，たとえ悪気がなくても相手に威圧感を与え，共感されていないと感じさせてしまいます。話を聴く時は体の前面をオープンにして，相手を受け入れる姿勢をとりましょう。

2 ｜ 情報や気づきを引き出す「質問力」をつける

◎質問を目的別に使い分ける

　初対面の人と会話をする時，話のきっかけに困ることがありますよね。そんな時に，話のきっかけづくりとして活用できるのが質問です。質問は，自分が知りたい情報を得るだけでなく，話のきっかけをつくったり，会話を促したりする働きがあります。上手く質問できる「質問力」をつけると，初対面の人とのスムーズな会話や，会話が苦手な人とでも無理せずに話を引き出していくことができます。

　質問は，①クローズド・クエスチョン，②オープン・クエスチョン，③5W1Hのクエスチョンの3つに分けて考えます。相手に何を答えてもらうか，目的に応じて使い分けます。次に①②③の質問について解説

しますので参考にしてみてください。

①クローズド・クエスチョン

　人の話を聴く時は「聴く機会」を自らがつくることも大切です。「はい」「いいえ」または「○○と○○のどちらか」など，制限がある質問は明確な情報を得ることができます。初対面や話が苦手な人との会話で，話のきっかけとして用いるほか，相手の考えを素早く確認したい時に用います。

　【例1】
　質問者　「午後の会議には出席されますか？」
　回答者　「はい，出席します」
　【例2】
　質問者　「AとBでは，どちらが売れていますか？」
　回答者　「Aが売れていますね」

②オープン・クエスチョン

　制限のない質問で，回答者に自由に答えてもらいたい時に用います。自由に考えてもらうことで，幅広い答えが期待できます。ミーティングなどで用いると，多くのアイデアを出せるなどのメリットがあります。

　【例】
　質問者　「Aの人気が高いですが，理由をどのように考えていますか？」
　回答者　「極限まで品質にこだわったことで，お客様にとって価値のある商品だと認めていただけたのだと考えています」

③5W1Hのクエスチョン

　5W1Hとは，When（いつ），Where（どこで），What（何を），Who（誰が），Why（なぜ），How to（どのように）のことです。詳細な情報を得たい時や確認したい時は，When（いつ），What（何を），Who（誰が）を用います。また，質問は情報を得ること以外に，相手に考えることや気づいたりするきっかけを与えます。考えや気づいたことを話して

もらいたい時は，What（何を），Why（なぜ），How to（どのように）を用いて質問します。

【例】

A さん　「週末は何をする予定ですか？」

B さん　「SDGs の活動をする予定です」

A さん　「どのような活動をしているのですか？」

B さん　「海岸でゴミ拾いの活動をしています」

A さん　「なぜ活動をはじめたのですか？」

B さん　「海洋ゴミについて学ぶセミナーに参加したことをきっかけに，この活動をはじめました」

　考えや気づいたことを話してもらいたい時は「○○についてどう思うか」という漠然とした質問より，「○○について目標を達成するために何が必要だと思うか」というように，具体的に質問すると相手が答えを導き出しやすくなります。「具体的に」「答えやすい」質問をする習慣をつけるようにしましょう。質問を上手く使えば会話は続き，無理をしなくても話を広げることができます。会話量が増えると相手を知る機会が増え，共通点を発見できるため，相手とよい関係が築きやすくなります。

◎考えるきっかけをつくる「チャンクサイズ・コントロール」

　質問にはよい結果を導く質問と，そうでない質問があります。よい質問とは，考えるきっかけになり，気づきを得ることができる質問です。一方でよくない質問とは，気づきを得ることができず，答えようがない質問です。たとえば，何かトラブルが生じた時に「何でこんなこともできないの？」という質問をされても，答えに困るだけで問題解決に繋がりません。「申し訳ありません」と謝るしかないような，相手が考えることを拒んでしまうような質問は避けなければいけません。

　体験や感情などを一つのチャンク（塊）と考えて，広げたり小さくし

たりすることで，相手に考えるきっかけをつくる質問のスキルを，チャンクサイズ・コントロールといいます。次のAさんとBさんの会話を例に，チャンクサイズ・コントロールについて解説します。

【例】

Cさん　「先日のテストの結果はどうだったの？」

Dさん　「思ったほどできていなかったよ」

Cさん　「どこができていなかったの？」

Dさん　「ケアレスミスが多かったかな」

Cさん　「具体的に，どんなケアレスミスをしたの？」

Dさん　「問題をよく読んでいなかったから，思い込みで回答してしまったところが結構あって……次はよく問題を読もうと思ってるよ」

　この会話では，質問によって少しずつ内容が絞られて，Dさんのテストの結果が「思ったほどできていなかった」という要因がはっきりして，Dさんが気づいたり考えたりするきっかけになっています。このように，塊を小さくしていくことをチャンク・ダウンといいます。これとは逆に，塊を小さなところから広げていくことをチャンク・アップといいます。また「ほかに何かありませんか？」と，同じ塊で視点を変えることをチャンク・スライドといいます。このような，相手の気づきや考えを引き出すよい質問を意識すると，質問力を向上させることができます。

3 ｜ 信頼を得る話し方

❷ラポートトークで気持ちをやり取りする

　仕事では曖昧な表現を避け，具体的に伝えることが重要です。業務上の必要な情報に，間違いや齟齬が生じてはいけません。たとえば「かなり軽いです」といっても，人によって軽さのイメージが異なるため，自

分と相手が必ずしも同じとは限りません。このような場合は，主観を入れることなく「90 グラムです」と数字を用いるなどで具体的に説明します。

　このように，情報は正確に伝えることが大切ですが，一方で社内の人やクライアントとの信頼関係は，客観的な情報を伝えるだけでは生まれません。前述しましたが，コミュニケーションには情報の伝達という役割のほか，相手との良好な関係の構築や継続という役割があります。

　アメリカの言語学者である D. タネンは著書の中で，情報の伝達を重視した話し方と心理的な繋がりを重視した話し方があると述べています。前者をレポートトーク，後者をラポートトークと呼んでいます。さまざまな人とコラボレーションして成果を上げるためには，良好な人間関係を築き，信頼関係を結ぶことが重要です。その際に，情報交換だけのコミュニケーションでは心理的な繋がりの形成がすぐにはできず，人と親しくなりにくいのです。仕事では，客観的な事実を伝えることだけを重視しがちです。もちろん客観的に有益な情報交換をすることは重要ですが，レポートトークだけでなく，必要に応じてラポートトークを上手く交えて話すことでお互いの親密度が深まります。図 14 はレポートトークとラポートトークの例を示したものです。ラポートトークでは自分が経験したことと，その時の気持ちを伝えます。自分の気持ちを伝えると，相手も気持ちで返してくれます。お互いに気持ちのやり取りができると信頼関係ができて，お互いの関係が一歩進んだものになり，よい関係が継続されやすいのです。

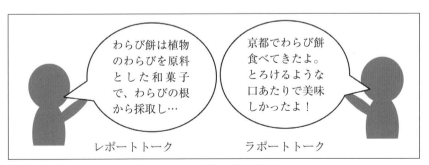

図 14　レポートトークとラポートトークの例　（出所）筆者が作成

🌀会話はキャッチボールを意識する

　会話はリレーではなく，行ったり来たりを繰り返すキャッチボールを意識すると，お互いが気持ちよく話をすることができます。相手の話に自分が返して，そこで終わりになってしまっては，せっかく相手との共通点があっても会話はキャッチボールにはなりません。会話の上手い人は相手の話を聴いたあと，自分が話す場合に相手が受け取りやすいようなボールを投げます。つまり，話の返し方が上手いのです。

　次のAさんとBさんの会話は，キャッチボールができていない例です。

　Aさん　「先週，○社のインターンシップに参加したよ」
　Bさん　「ああ，○社ね，僕も今週行く予定だけど。それより先週△社のインターンシップに参加したけどすごくよかったよ。△社は〜」

　この会話では，せっかく○社のインターンシップという共通の話題があるのに，Bさんの△社の話に置き換わっています。

　次はAさんとCさんの，キャッチボールが上手くいっている会話です。

　Aさん　「先週，○社のインターンシップに参加したよ」
　Cさん　「そうなんだ，○社のインターンシップ，行ってきたんだね。僕も今週行く予定だよ。どうだった？」

　この会話では，キャッチボールの上手いCさんが，自分に来た会話のボールを「自分も行く予定」＋「どうだった？」と返しています。Cさんがボールを返すと，Aさんは自分のインターンシップの体験談を最後まで話すことができます。CさんはAさんの話をしっかり聴いたあと，△社のインターンシップの話をすると，会話のキャッチボールがスムーズにいき，お互いに気持ちよく話ができるのです。会話をする時

は「キャッチボール」を意識してみてください。

❀言いにくいことは「スポンジ話法」で伝える

　お互いの関係を悪くしたくないとの思いから，人からの誘いを断ったり指摘したりする時など，思っていることを伝えにくい場面はよくあります。こんな時に役立つのが筆者考案の「スポンジ話法」です。スポンジ話法を使うと，言いにくい言葉がスポンジに吸収されるように柔らかくなるため，相手にソフトに伝わります。スポンジ話法は次の①②③の流れで使います。

---

　①はじめに相手の気持ちをくんだ言葉を伝える
　②次にメインとなる言いたいことを伝える
　③状況に応じて語尾を提案型，質問型，代替案型にする

　逆に自分が言われる立場なら，同じ内容でも配慮がある言葉で伝えられた方が快く受け入れられますよね。スポンジ話法を使うと，相手の気分を害することなく，自分の言いたいことが伝えられるというメリットがあります。次にスポンジ話法の使い方を解説します。

◆依頼する時

　親しい間柄でも，依頼された人の立場に立った配慮が大切です。依頼する時には，相手に手間をとらせることになるので，内容をいきなり言う前に「恐れ入りますが」「恐縮ですが」「お手数をおかけしますが」「勝手を言いますが」などの言葉で気持ちを伝えます。語尾は「いかがですか」「よろしいでしょうか」などの提案型で相手に決定権をゆだね，命令されたという印象を与えないようにします。

　例　「お手数をおかけしますが，○○社の○○さんに書類を送って
　　　いただきたいのですが，よろしいでしょうか」

◆要求する時

　初対面の人やそれほど親しくない人に，自分から何かものごとを要求する時は「よろしければ」「お差支えなければ」「可能でしたら」「お時間よろしいでしょうか」などの言葉で，まず相手の意向を伺います。この場合も語尾は「いかがですか」「よろしいでしょうか」などの提案型で，相手に決定権をゆだねます。

> 例　「お差支えなければ，こちらにご住所を記載していただけますでしょうか。内覧会の招待状をお送りしますが，いかがですか」

◆断る時

　断る時は，相手に何と言えばいいのか悩むものです。「申し訳ありませんが」「残念ですが」「せっかくですが」「ありがたいお話ですが」「願ってもない機会ですが」などの言葉で，残念だという気持ちを伝え，代替案がある場合は提示します。

> 例　「申し訳ありませんが，こちらの商品は売り切れました。ほかの色なら在庫がございますが，いかがでしょうか」

◆指摘する時

　間違いの指摘は言いにくいものです。とはいえ，相手に間違えていることを伝えなければ，いつまでたっても事態が前に進みません。はじめに「大変恐縮ですが」「申し上げにくいのですが」「大変失礼ですが」と述べて，続いて指摘する内容を伝えます。誰でも失敗や間違いを指摘されると嫌な気持ちになります。相手に恥をかかせたり，失礼な印象を与えたりしないように気をつけ，語尾は質問型にすると相手に嫌な思いをさせずに指摘することができます。

> 例　「申し上げにくいのですが，請求書の金額に誤りがあります。ご確認いただけますでしょうか」

◆謝罪する時

　いくら心の中で謝罪しても，反省していることが相手に伝わらなければ納得してもらえません。はじめに「ご迷惑をおかけして」「ご不便をおかけして」「不愉快な気分にさせてしまい」など，相手に申し訳ない気持ちを伝えます。続いてお詫びの言葉を述べ，代替案がある場合は提示し，代替案がない場合は状況を伝え真摯に対応します。

```
例　「ご迷惑をおかけして申し訳ございませんでした。あと10分ほ
　　どでメンテナンスが終了いたします。もうしばらくお待ちくだ
　　さい」
```

　相手への気くばりをしながら，自分の言いたいこともしっかりと伝えるスポンジ話法を試してみてください。

第7章

プレゼンテーションスキル

1 プレゼンテーションの基礎知識

◎プレゼンテーションとは

　プレゼンテーションとは，聴き手に文章や図，動画などを使って，ものごとの説明や利点などの情報を提示して理解を得ることです。

　みなさんもプレゼンテーションの機会は何度もあると思います。たとえば企業に所属している人の場合は，新しい企画のプレゼンテーションやクライエントにセールスのプレゼンテーションをすることがあるでしょう。学生の場合は，授業での課題発表や研究発表，学会発表などでプレゼンテーションをする機会があると思います。そのほか，就職での面接試験も自分を売り込む重要なプレゼンテーションといえるでしょう。

　プレゼンテーションには，企画を通したり商品やサービスのセールスをしたり，面接試験などのような「相手がアクションを起こすことを求めるもの」と，企業の報告会や研修会，学生の授業での発表や学会での発表のような「相手に説明して内容を理解してもらうもの」があります。

プレゼンテーションを実施することが決まったら準備を行います。図15に示しているように，まず企画を組み立て，次に必要なデータを収集し資料の作成を行います。説明の方法などを計画し，準備が整った段階でリハーサルを行います。実施当日は，聴き手の理解と納得が得られるように，熱意が伝わるプレゼンテーションを行います。終了後は，プレゼンテーションを振り返り評価します。

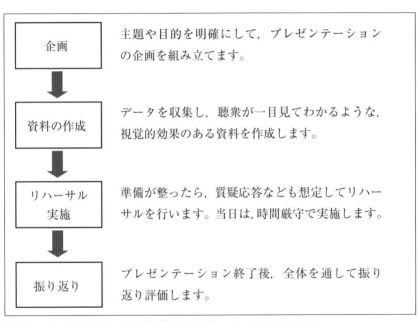

図15　プレゼンテーションを行う際のスケジュール　（出所）筆者が作成

⚙プレゼンテーションの流れ

　101ページの図16は，プレゼンテーションを実施する場合の流れです。プレゼンテーションは「導入」「序論」「本論」「結論」の順に進めます。
　導入は，聴き手がプレゼンテーションに興味を持ち，聴こうとする気持ちを喚起させる重要な最初のポイントです。まず，挨拶と自己紹介を行い「この人の話なら聴きたい」と思ってもらえるように，信頼関係を

構築します。次に，プレゼンテーションの背景などを説明します。話の内容だけでなく，表情や視線，ジェスチャーなどの非言語コミュニケーションも使い，聴き手の関心を集めるように工夫をすることが大切です。

序論では本論に繋げるための課題を提起し，なぜそれをいま行わなければならないのか，プレゼンテーションをする理由を説明します。主題の必要性を明確にすることで，相手の参加意識を高めます。

本論でプレゼンテーションの主題に入ります。聴き手にとって意味があることやメリットになることについて，根拠になる資料を提示して論理的に主張します。

結論では，再度プレゼンテーションをした理由と主題を要約して伝え，最終的な結果を明らかにします。そのうえで質疑応答を行い，相手の疑問に回答します。相手にアクションを起こすことを求めているプレゼンテーションの場合は，質疑応答で説得力のある回答ができれば，相手の納得を得て合意に至ることが可能です。質問に答えられない場合は「持ち帰って調べます」と回答し真摯に対応します。最後に感謝の言葉とともに，プレゼンテーションを締めくくります。

前述しましたが，プレゼンテーションには相手がアクションを起こすことを求めるものと，相手に説明して内容を理解してもらうものがあります。いずれの場合も，自分の主張を一生懸命に述べたからといって，必ずしも相手が受け入れてくれるとは限りません。相手に受け入れてもらうには，まず自分の主張を十分に理解してもらうことが必要です。そのうえで，相手の納得を得て，はじめてプレゼンテーションの成功に結びつきます。

プレゼンテーションを行う場合は，実施前日までの準備が重要です。有意義なプレゼンテーションを実施し，プレゼンテーションを成功に導くために必要となるのが，プレゼンテーションの「組み立て」「視覚的効果」「表現」「心構え」の観点です。これらの4つについて次に解説していきます。

プレゼン前半	プレゼン中盤	プレゼン後半

導入	序論	本論	結論
聴き手の「聴きたい」という気持ちを喚起させる重要な場面です。	なぜプレゼンテーションをする必要があるのか理由を説明します。	聴き手の利益を、視覚的な効果がある資料を提示して説明します。	主題に対する最終的な結果を明らかにし、質疑応答を行います。

図16　プレゼンテーション実施の流れ　（出所）筆者が作成

2 │ プレゼンテーションの組み立て

◎企画の組み立て

　プレゼンテーションを行う場合，まず「誰に」「何について」「何のために話すのか」という３点について考えます。たとえば，クライエントに商品やサービスをセールスするためなのか，社内のプレゼンテーションで決裁者に企画を通してもらうためなのか，学会で研究成果を発表するためなのかなど，プレゼンテーションを行う主題と目的を明確にします。主題と目的が明確になったら，次の内容について検討します。

◆対象となる人の予備知識や関心はどの程度か

　専門的な知識を併せ持った人にプレゼンテーションを行うのか，一般の人に行うのか，相手の予備知識や関心がどの程度であるかを把握して，状況に応じて組み立てます。

◆聴衆の人数や会場の規模はどれぐらいか

　聴衆は10人以下なのか，それとも50人程度なのか，もしくは100人

以上を対象に行うのか，人数に応じて会場の規模も変わるため，それら
を把握したうえで組み立てます。

◆制限時間内で伝えられる内容はどれぐらいか

　プレゼンテーションに与えられた時間内で，根拠や事例をどの程度出
せるか，どのような資料をどれぐらい用意するのかを検討します。

◆何を最終ゴールとするか

　聴き手に何を理解してもらいたいのか，何を合意してもらいたいのか，
プレゼンテーションの最終ゴールを明確にしておきます。

3 ｜ プレゼンテーションの視覚的効果

◎効果的な資料作成

　プレゼンテーションでは，資料作成のポイントがいくつかあります。
まず，伝わりやすい資料であることです。見てわかる資料でないと，伝
えたいことが伝わりません。ポイントは「すっきり＆シンプル」です。
最も訴えたいことをメインに，文字を入れすぎないようにすっきり，シ
ンプルに資料を作成します。また，見る人の気持ちを高め，関心を持っ
てもらうために，文字の大きさや色でメリハリをつけることも大切です。
資料の作成で配慮するポイントは次のとおりです。

◆１枚のスライドにつき１つのメッセージ

　１枚に多くの内容が混在すると，聴き手が理解するまでに時間がか
かってしまいます。わかりやすいスライドを作成する時の基本は，１枚
のスライドにつき１つのメッセージです。

◆１スライドは 50 文字程度

　文字数が多いと文字や図，写真が小さくなりスライドが見づらくなり
ます。また，聴き手が読むことに集中して，説明を聴いてもらえなく
なってしまいます。できるだけ少ない文字でシンプルに作成します。

◆フォントサイズは３つに統一

いろいろな大きさの文字を使うと，乱雑な印象で統一感がありません。一方で同じ大きさの文字ばかりでは，メリハリがなくわかりにくいスライドになってしまいます。大，中，小の3つのフォントサイズを決めて，この3つで作成すると統一感が生まれます。

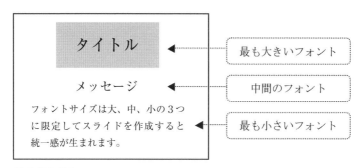

（出所）筆者が作成

◆ジャンプ率を考える

　文字の大きさの割合をジャンプ率といいます。ジャンプ率は，スライドを見た時の印象に影響を及ぼします。ジャンプ率が大きいスライドは①のように活動的な印象になります。一方でジャンプ率が小さいスライドは②のように落ち着いた印象になります。

　大，中，小の3つのフォントサイズのジャンプ率を考えて，自分が伝えたい印象に合わせて作成します。

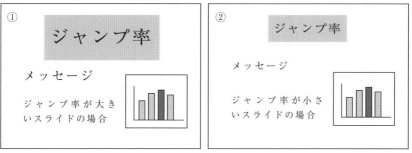

（出所）筆者が作成

◆色を使いすぎない

　色を効果的に使うポイントは，文字の色と背景の色を似た色にしない
ことです。たとえば，次の①と②の２つの例を比べてみてください。白
と黒でコントラストの違いを表現してみると，①の文字と背景のコント
ラストが低い場合はわかりにくく，②のコントラストが高い場合はわか
りやすいスライドになります。似た色を使うと①のようにコントラスト
が低くなります。また，スライドに使う色を多くしすぎてしまうと，ど
の部分を主張しているのかわかりづらくなります。白と黒に加え，色は
２〜３色に限定し，目立たせたい箇所に効果的に使用します。

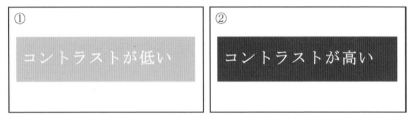

（出所）筆者が作成

🌀グラフ，表の使い方

　プレゼンテーションのスライドは，読ませて伝えるよりも「見せて伝
える」ことを重視した方が伝わりやすくなります。スライドを作成する
場合，見た目にわかりやすいグラフや表などを使用し，伝えたい内容を
聴き手の視覚に訴えます。グラフや表の使い方のポイントを次に解説し
ていきます。

◆グラフや表でデータを「見える化」する

　代表的なグラフには，円グラフ，棒グラフ，折れ線グラフがありま
す。図17は円グラフ，棒グラフ，折れ線グラフの例です。円グラフは
主に構成要素の比率を表す場合に用い，棒グラフは主に項目別の比較を
する場合に用います。折れ線グラフは主に推移を表す場合に用います。
データは表に示す場合もあります。表の場合は，罫線が多いと見づらく

なってしまいます。罫線を減らしたり，色を変えたりするなどの工夫で，すっきりと見せることができます。図18の例1，例2は表のデザインです。スライド作成の際に参考にしてみてください。

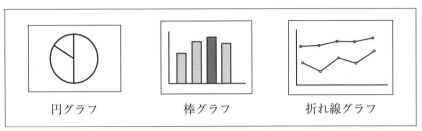

図17　グラフの種類　(出所) 筆者が作成

例1	人気珈琲アンケート結果		
	順位	品名	特徴
	1位	深煎り珈琲	深い味わい
	2位	芳醇珈琲	香り高い味わい
	3位	まろやか珈琲	優しい味わい
	4位	すっきり珈琲	シャープな味わい

例2	人気珈琲アンケート結果		
	順位	品名	特徴
	1位	深煎り珈琲	深い味わい
	2位	芳醇珈琲	香り高い味わい
	3位	まろやか珈琲	優しい味わい
	4位	すっきり珈琲	シャープな味わい

図18　表デザインの例　(出所) 筆者が作成

◆複雑な内容は図解化する

　文字だけで記載すると内容が複雑になる場合は，図解化するとわかりやすくなります。それぞれの関係性も明確になり，全体像がわかりやすいため聴き手の理解が進みます。図解には次のような，さまざまな型があります。

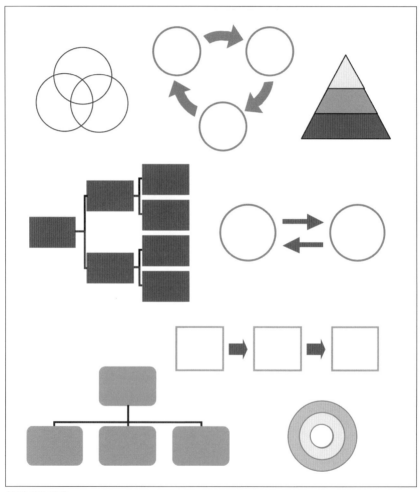

（出所）筆者が作成

◆見やすいスライドレイアウトのコツ

　スライドを見やすいレイアウトにするポイントは3つあります。ま
ず1つ目は，適度に余白があることです。2つ目は，文章やグラフなど
の配置が揃っていることです。3つ目は，関連のある項目をグループ化
することです。以下の例1は，余白をとっていないレイアウトと，適度
に余白をとったレイアウトです。適度に余白をとったレイアウトの方が，
スライドが見やすくなっているのがわかると思います。また，例2は文
章やグラフなどが揃っていないレイアウトと，揃っているレイアウトで
す。こちらもレイアウトを揃えると見やすくなっています。

■例1

　　　余白がないレイアウトの例　　　　　余白があるレイアウトの例

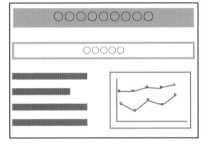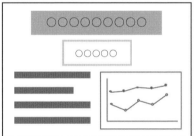

■例2

　　　レイアウトが揃っていない例　　　　レイアウトが揃っている例

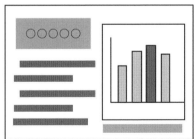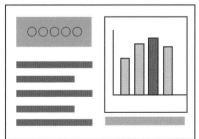

（出所）筆者が作成

次の例3の①と②は，同じ内容を説明したレイアウト違いのスライド
です。①は A，B の円グラフの説明と円グラフがグループ化されていま
せん。一方で②は A，B の円グラフの説明を，グラフの横に配置するこ
とでグループ化されています。スライドを見る側にとっては，円グラフ
と，その説明が一つのグループとして配置されている方が，情報を理解
しやすいスライドといえます。

■例3

①グラフと説明がグループ化されていない例

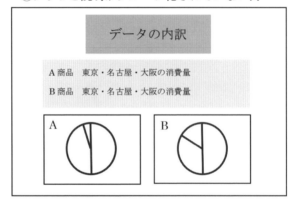

②グラフと説明がグループ化されている例

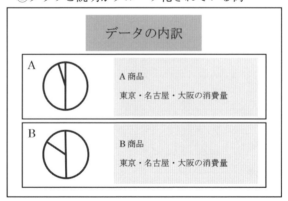

（出所）筆者が作成

4 プレゼンテーションの表現法

🌀好印象の話し方とは

　プレゼンテーションを行う際には，多くの人が話の内容に細心の注意を払うと思います。もちろん話の内容に気を配ることは重要ですが，たとえば「Aさんは熱意がある人だ」「Bさんは信頼感がある人だ」など，人の印象は話し方が影響していることが多いのです。

　第5章の4節でも説明しましたが，非言語コミュニケーションの研究者であるL.バードウィステルは，二者間のコミュニケーションにおいて，言葉で伝えられるのは全体の35パーセントにすぎず，65パーセントは言葉以外によると分析しており，非言語の要素が大きく影響を及ぼすことを示唆しています。

　プレゼンテーションでは，話の内容や状況に合わせた話し方をすると，相手によい印象を残すことができます。プレゼンテーションの話し方で留意する点は次のとおりです。これらをしっかりと押さえて，リハーサルをしておきましょう。

◆声のボリュームは適度に大きく

　声が小さいと頼りない印象や自信がない印象，声が大きすぎるとがさつな印象です。聴き取りやすい声を心掛けましょう。終始同じ声で話すより，強調したいフレーズは通常より大きめの声で，メリハリをつけると印象づけることができます。

◆声のトーンに気を配る

　プレゼンテーションでは，声のトーンにも配慮が必要です。声のトーンとは，話す時の声の高低のことを指します。基本的に高すぎず，低すぎずのトーンを心掛けます。商談のプレゼンテーションではやや低めの落ち着いたトーンが信頼を得ます。

◆話すスピードを意識する

通常の話すスピードの目安は，1分間に約300字，1～2秒では5字から10字程度です。これ以上速いと，相手に早口だと感じさせてしまい，これ以上遅いとイライラさせてしまいます。早口で話すと相手は内容より速さの方を気にしてしまうため，伝えたいことが相手にきちんと伝わりません。プレゼンテーションでは，話すスピードを意識しましょう。

◆活舌をよくしてハキハキ話す

　活舌がよいハキハキした話し方は信頼感を得ます。活舌が悪いと感じている人は，背筋を伸ばして姿勢をよくすると改善に繋がります。また，声がこもる人は口の開け方が影響していることがあります。口を大きめに開けて発音するとよいでしょう。

◆話す時の癖や声の抑揚に気をつける

　プレゼンテーションの途中で「えーっと」などの言葉が頻繁に出ると人を不快にさせてしまいます。癖にならないように，普段から気をつけておきましょう。また，語尾が伸びたり上がったりすると頼りない印象です。一方で，抑揚がなさすぎるのも冷たい印象を与えてしまいます。

◆適度な「間」をとる

　強調したいフレーズの前に「間」をとることも重要です。人は，話を聴いてほしい時に早口で話してしまいがちですが，それよりも効果的なのが間をとることです。プレゼンテーションが上手い人は，間を上手く使い人を惹きつけます。「ここを聴いてほしい」という直前に，1～3秒ほどの間をとると聴き手の関心を集めることができます。間をとったあとのタイミングで，印象に残るキラーフレーズを使うと説得力が増します。

🌀説明の構成を考える

　プレゼンテーションで「説明がわかりにくい」「何が言いたいのかわからない」などと評価され，説明下手に悩んでいる人は少なくありません。聴き手にしてみたら，話の要点がわからず，何が言いたいのかわか

らない説明はイライラしてしまうのです。

　説明がわかりにくい人の特徴の一つに，構成が悪く結論に至るまでが長いという欠点があります。たとえば，結論に至る根拠がいくつもある場合，結論を先に説明せず一つずつ根拠を説明していては，聴き手は何に向かっての説明なのかゴールがわからず不安になります。せっかくプレゼンテーションの内容自体がよくても，結果に悪い影響を及ぼしたり間違った評価をされたりなど，不利益が生じることになりかねません。

　わかりやすく伝えるためには，説明する時の構成を考えることが大切です。構成がしっかりしている説明は，誰が聴いてもわかりやすく，聴いている人がストレスを感じません。説明する際によく使用されるNLC法とPREP法，またシンプルに伝える時のSDS法やアサーションを取り入れたDESC法を紹介します。

■ NLC 法

　NLC法は，Numbering（数を示す）→ Labeling（見出しをつける）→ Claiming（主張する）の順に説明する構成法です。根拠がいくつかある時にはNLC法を用います。「この根拠は全部で3つあります」のように，はじめに数を示すため，聴き手が「これから3つの根拠ついて説明するのだな」と聴く準備をして，頭の中で整理しながら聴いてもらえるメリットがあります。

■ PREP 法

　PREP法は，Point（結論）→ Reason（理由）→ Example（事例や具体的な例）→ Point（結論）の順に説明する構成法です。根拠の数が絞られている時にはPREP法を用います。はじめに結論を述べるため，聴き手に「何が言いたいのかわからない」などの，何に向かっての説明なのか，ゴールがどこかわからないというようなストレスを与えず，落ち着いて話を聴いてもらえるというメリットがあります。

■ SDS 法

事実をシンプルに伝える時などは SDS 法を用います。SDS 法は，Summary（要約）→ Details（詳細）→ Summary（要約）の順に説明する構成法です。はじめに伝えたい内容の全体像を説明し，次に詳細を伝えます。最後にもう一度要点を説明して締めくくります。プレゼンテーションの持ち時間に制限がある場合などに，短時間で相手にわかりやすく伝えることができます。

■ DESC 法

DESC 法は，アサーションのスキルを取り入れた方法です。アサーションは，心理療法の一つである行動療法によって，1950 年代に開発されたカウンセリング技法として実施されていたものです。その後，心理学者の G. H. バウアーが DESC 法を提唱しました。

DESC 法 は，Describe（描 写 す る）→ Express（説 明 す る）→ Suggest（提案する）→ Choose（選択する）の順に説明する構成法です。Describe（描写する）では客観的事実を伝えます。続いて Express（説明する）で自分の考えである主観的な意見を伝え，Suggest（提案する）で相手にお願いしたいことを具体的に提案し，Choose（選択する）で選択肢を提示します。相手に対して攻撃的になったり控えめすぎたりせず，こちらの主張を伝えることができる技法で，自分と相手の立場を尊重する「自他尊重」の伝え方です。

◎論理的に伝える

プレゼンテーションでは，相手の要求を的確に把握して伝えることが大切だということを述べましたが，その際には論理的に伝えることが求められます。論理的に伝えるとは，情報やデータなどから体系的にまとめ筋道を立てて伝えることです。このために必要なのが論理的思考です。論理的思考法には帰納法と演繹法があります。プレゼンテーションでは，自分の主張したい内容別に帰納法と演繹法の 2 つを使い分けます。帰納法と演繹法は次のとおりです。

■帰納法

　個別の事例などから示唆される共通の傾向を取り出し，主張を導き出す手法です。たとえば「自宅の近くにフルーツサンドの店ができた（事例1）」「会社の近くのフルーツサンドの店はいつも多くの人が入っている（事例2）」「○○雑誌にフルーツサンドの特集がされていた（事例3）」という事例から「フルーツサンドの人気が上がっている」という仮説を立てることができます。帰納法では，自分の主張を説明できる多くの事例を集めて仮説を立て，仮説の検証を行うことで説得力を高めます。

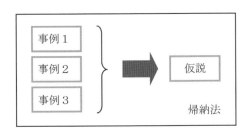

■演繹法

　いくつかの既存の事実を前提として，それらから結論を導き出す方法です。たとえば「魚にはDHAが含まれる（事実1）」「DHAには記憶力を活性化させる効能がある（事実2）」「本マグロはDHAの含有量1位（事実3）」という事実で「本マグロを食べると記憶力がよくなる」という仮説を立て，結論を導き出すという方法です。ただし，演繹法の場合は既存の事実の選定が重要で，主観ではなく客観的事実であることが前提です。

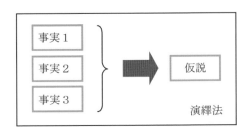

❧メリットとベネフィットで聴き手の心を動かす

　プレゼンテーションの目的は，相手の理解を得ることや納得してもらうことで相手の合意を得ることです。特に相手がアクションを起こすことを求めるプレゼンテーションでは，相手の心を動かすことができないと，目的を達成することができません。

　経済学者のT.レビットは，1960年にハーバード・ビジネス・レビューで発表した「マーケティング近視眼」の中で，ものごとを顧客の側に立って見る必要性について説明しました。レビットが『マーケティング発想法』(1968)という著書の中で引用した「人が欲しいのは4分の1インチのドリルではなく，4分の1インチの穴がほしいのだ」というフレーズを聞いたことがある人もいると思います。これは，マーケティングの有名なたとえですが，レビットは商品やサービスを提供する際に，ともすれば提供側の都合に合わせてしまいがちなところを，顧客が必要としている本質的な部分を理解して，商品やサービスを提供することが大切だと述べています。

　メリットとは，商品やサービスの利点となる特徴のことです。ベネフィットとは，商品やサービスの利点となる特徴によって受けられる体験のことです。「相手の心を動かす」というと，できるだけ多くのメリットを伝えることではないかと考えるかもしれませんが，実はメリットによって体験できるベネフィットも伝えることが重要なのです。伝えたいものごとの利便性や機能性，効率などの機能的な部分と，体験することで生じる幸福感や安心感，満足感，優越感などの情緒的な部分を含めて検討すると，メリットとベネフィットが明確になります。

　自分が伝えたい情報の説明だけを一生懸命にしても相手の心は動きません。相手が必要としているメリットとベネフィットの両方を伝えることで，人の心を動かすことができるのです。プレゼンテーションで大切なのは，相手が本当に求めているのは何かを理解して伝えることなのです。

5 | プレゼンテーションの心構え

⚜自己紹介を考える

　自己紹介は，プレゼンテーションの導入部分で，ラポールの形成や聴き手の関心を引くための重要なポイントです。印象に残る自己紹介ができると，自分に関心を持ってくれる人が現れ，注目して聴いてくれます。

　自分の経歴だけを紹介するのではなく，自分の思いを盛り込むと人の記憶に残ります。とはいえ，プレゼンテーションに全く関係のない話を長々とするのは，貴重な時間を無駄にしてしまいます。印象に残る自己紹介をするために，事前に原稿を用意してしっかりと練習しておきます。そうすると，本番で焦らず効果的な自己紹介ができます。

　自己紹介の時間は1分前後なので，300字程度の原稿を作成します。次の4つを中心に自己紹介を作ってみてください。自己紹介の原稿が完成したら，表情や声のトーンなど，非言語コミュニケーションを意識して練習してみましょう。

①自分が何をしている人なのかを明確にする

　自分の氏名と，組織に所属している場合は所属先など「何をしている人なのか」という点がわかるように作成します。

②自分の考えや思いを盛り込む

　自分が仕事で大事にしていること，どんな思いで仕事をしているかなど，自分の考えや思いを盛り込みます。

③実績や経験を数字で盛り込む

　「○○部門を○年間担当してきました」など，実績や経験を数字で示すと相手にわかりやすく，印象に残りやすくなります。

④自分の強みを見つけて盛り込む

　自己紹介では人との差別化が大切です。自分が経験してきた中で，オリジナリティの部分である自分の強みを盛り込みます。

⚛プレゼンテーション練習法

　プレゼンターをする場合，当日参加してくれる聴き手に満足を与え，お互いに実りのあるものにしたいと考えると思います。プレゼンテーションの目的を達成できるか否かは，準備過程で必要なことをどれだけ熟考し準備をするかにかかっています。入念な備えは自分に自信を持たせるために大切なことです。

　アップルの創業者スティーブ・ジョブズのプレゼンテーションは大変有名です。ジョブズのプレゼンテーションをする姿は，自信がある態度で，一見楽にプレゼンテーションをしているように見えたといいます。しかし，彼は事前に何時間もかけて真剣に練習をしていました。入念に練習をしていたからこそ，プレゼンテーションを成功に導くことができたのです。

　優れたプレゼンテーターは，聴衆と視線を合わせることが非常に多いといわれます。説明する際にスライドばかり見て，無表情で説明するのでは聴いている人の気持ちをつかめません。スライドを見るのは1〜2割程度にして，できるだけ聴衆と視線を合わせて説明を行いましょう。そのためには，事前に練習することが重要です。実施当日までに，表情や視線の使い方，声の出し方，ジェスチャーなどの効果的な立ち居振る舞いを練習しておきます。また，当日の服装も決めておきましょう。事前にスライドの確認，質疑応答の準備も必要です。質疑応答は，プレゼンテーションの合意を得るための重要な要素となるので，想定される質問の答えを用意して練習しておきます。

　練習が大切とはいえ，毎日忙しくて十分に事前準備をする時間がとれない人も多いと思います。忙しい合間の練習に有効なのが，自分のプレゼンテーションしている姿を動画で撮影して確認することです。撮影した動画を見ると，自分のできている個所とできていない箇所が客観的に確認できます。可能であるなら，信頼できる友人や家族などに動画を見せて，正直な意見を尋ねてみるのもよいでしょう。

プレゼンテーションの動画を確認する場合は，次の３つに着目してみてください。

①視線を聴き手に向けているか

　原稿やメモをできるだけ見ずに，プレゼンテーションができているか確認しましょう。原稿やメモを見ながらのプレゼンテーションは，聴き手に自信のなさを感じさせてしまいます。プレゼンテーション当日は，メモに記載する内容を最小限にして，聴き手から見えないように配慮しましょう。

②常にオープンな姿勢であるか

　猫背や腕組み，ポケットに手を入れているなどは閉じた姿勢です。このような姿勢は「好意を持っていない」「緊張や不安がある」「警戒心を持っている」など，相手に対して心を閉じていることを伝えます。一方で，腕や手が外に向かう開いた姿勢は「好意を持っている」「自信がある」「歓迎している」など心を開いている状態を伝えます。プレゼンテーションでは，話している時の身振り手振りで聴き手の受ける印象が大きく変わります。常に体の前面を開き，オープンな姿勢で力強く自信があるプレゼンテーションをするよう心掛けましょう。

③適度にボリュームがある声と抑揚のある話し方をしているか

　聴き手の興味や関心を引くような話し方をしているでしょうか。声のボリュームと抑揚については次の点を確認してみてください。

・声の大きさや抑揚に変化をつけているか

・焦って早口になっていないか

・適度に間をとっているか

・「えーっと」「あのー」などの言葉の癖が頻繁に出ていないか

　貴重な時間を割いて自分のプレゼンテーションを聴いてくれる人に対して，無駄な時間をすごさせないために，以上の点に配慮して事前準備をすることが相手への感謝の気持ちに繋がります。

6 グループディスカッション

◎グループディスカッションとは

企業のインターンシップや採用試験では，グループディスカッションを取り入れている場合があります。グループディスカッションの多くは，参加者を数人のグループに分けて，企業側から与えられたテーマについて議論し結論を出す方式です。その際に，グループのメンバーで役割を決め，議論のうえ結論を発表させるという方法がとられています。グループディスカッションでは，グループで協力して目標を達成していく姿勢や能力，グループへの貢献として自分の適性と役割などの自己理解ができているかという点が見られるなど，次の箇所が重視されます。

◆積極性があるか

自分の意見を積極的に発言できるか，ものごとに積極的に関わることができるかという姿勢が見られます。緊張するかもしれませんが，黙っているとやる気が伝わらず消極的な印象に受け取られます。自分の意見は積極的に発言するようにしましょう。

◆論理的に意見が述べられているか

人にわかりやすく，論理的に自分の意見が述べられるかが見られます。ディスカッションの時間が限られているため，思いつきでダラダラと長い意見を述べるのは，議論の進行が妨げられるため悪い印象を与えます。

◆リーダーシップがあるか

グループの意見をまとめ，結論に導く力が見られます。発言できない人がいれば，自分から意見を求めるなどの対応ができるとリーダーシップが感じられます。

◆協調性があるか

人の意見を受け入れる姿勢が見られます。反対意見の批判や自分の意見を押し通すなどは，協調性が低いと受け取られ悪い印象を与えます。

❸グループディスカッションの種類

　グループディスカッションには，**表20**の種類があります。それぞれの特徴を理解して，対応法を確認しておきましょう。

表20　グループディスカッションの種類と特徴・対応法

自由討論形式
■特徴
・職業観や業界の動向，社会問題などのさまざまなテーマについて，グループのメンバーで自由に話し合いを行います。
■対応法
・業界研究をしているか，社会人としての常識があるかなどが見られます。取り組む姿勢や進め方など，結論に至るプロセスが重視されます。
インバスケット形式
■特徴
・決められた時間内で話し合い，複数の選択肢があるテーマについて優先順位を決めることなどが求められます。
■対応法
・選択肢に優先順位をつけるための根拠と説得力が重要です。
グループワーク形式
■特徴
・グループでテーマについて話し合い，1つの結論を導き出すことなどが求められます。
■対応法
・結論を導くうえで，グループのメンバーと協力しながら作業効率を上げることが不可欠です。そのためには，メンバーとの円滑なコミュニケーションが重要です。
ディベート形式
■特徴
・特定のテーマについて，賛成か反対かなどに分かれて第三者に対して論理的に議論を行います。
■対応法
・相手からの意見に感情的にならず，グループで勝つことを考えます。

（出所）筆者が作成

❀グループディスカッションの進め方

　グループディスカッションでは，自己紹介のあと役割を決めることが求められます。それぞれの役割については次に解説します。役割が決まったら，テーマについてメンバー間で考える時間，議論する時間，結論をまとめる時間を配分し，結論が出たら発表の練習を行います。図19はグループディスカッションを進める順番です。

◆リーダーの役割

　グループ全体を見て，司会進行をリードし意見をまとめます。グループのメンバー全員が参加できるように配慮することが必要です。

◆書記の役割

　ディスカッションを進行する過程で，メンバーから出た意見の要点についてメモを取りながらまとめます。

◆タイムキーパーの役割

　時間配分通りにディスカッションを進めます。時間が足りなくなったり余ったりしないように時間管理を行います。

◆発表者の役割

　テーマについて，結論に至った理由や経緯を論理的に発表します。

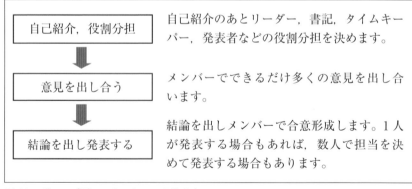

図19　グループディスカッションの進め方　（出所）筆者が作成

🌀グループディスカッションのまとめ方

111 ページで NLC 法，PREP 法について説明しましたが，グループディスカッションでもよく使用される構成法です。グループで練習する際に，次の NLC 法と PREP 法のワークシートを使ってみましょう。

NLC 法・ワークシート

1．Numbering （数を示す）	例「私たちが◯◯のテーマについて話し合った結果，3 点が重要だという結論に至りました」 ・ -- -- --
2．Labeling （見出しをつける）	例「1 つ目は◯◯，2 つ目は□□，3 つ目は△△です」 ・ -- -- -- --
3．Claiming （主張する）	例「はじめに，1 つ目の◯◯について……，次に 2 つ目の□□について……，最後に 3 つ目の△△について……以上です」 ・ -- -- -- -- -- --

PREP法・ワークシート

１．Point（結論）

例「私たちは議論の結果，○○という結論に至りました」

・

２．Reason（理由）

例「結論に至った理由は□□だからです」

・

３．Example（事例や具体的な例）

例「△△について多数決をとったところ，▽▽という結果でした」

・

４．Point（結論）

例「これらのことから，○○という結論に至りました」

・

第8章
良好な人間関係を築くための
ビジネスマナー

　ビジネスマナーというと「堅苦しい」「難しそう」というイメージが少なからずあるかもしれません。そもそも，ビジネスマナーは何のためにあるのでしょうか。結論からいうと，ビジネスマナーの原点は相手に対する敬意や心遣いです。相手に対して敬う心や思いやる心，感謝の心などを目に見える形として表したものです。自分の心を形として表すものなので，決して堅苦しいものでも，難しいものでもなく，むしろ相手に礼を尽くしていることを発信できる理にかなった方法なのです。

　ビジネスマナーは人との関係を円滑にし，対外的に効用をもたらします。人との関係がよくなると，自分自身の心にも自信という形でよい影響を及ぼします。また，ビジネスマナーは，多様化する現代の働き方において，さまざまな環境で働いている人々との意思疎通の一助となる，コミュニケーションのベースになります。異なる業種や職業，働き方など違いがある人と，お互いを尊重してよりよい関係を構築するために，ビジネスマナーは欠かせないものです。相手や時と場所に合わせて，臨機応変に対応できるのが本来のビジネスマナーです。この章ではビジネスマナーに必要となる各要素について解説していきます。

1 | 身だしなみと立ち居振る舞い

◎身だしなみは「清潔感」が印象を左右する

　「身支度，仕事半分」これは阪急電鉄をはじめとする阪急東宝グループ（現・阪急阪神東宝グループ）の創始者である小林一三氏が，毎朝，出社する自社の社員一人一人の身だしなみを，細かく見ていたというエピソードに由来する言葉です。この言葉の意味は，身だしなみを整えていることは，1日の仕事の半分は終わったようなものだという，身だしなみの大切さを説いたものです。

　人は，初対面の相手をパッと見た時に「感じがいい」「感じが悪い」などの感覚的な印象を持ちます。はじめて会う相手に対しては，その人の情報をほとんど持っていないため，身だしなみなどの外見から受ける情報を手がかりに決められることが多く，その時の評価は後々まで影響を及ぼすことがわかっています。しかも，一度ついてしまった印象は，簡単には覆せない可能性があるのです。

　身だしなみは，仕事に対する姿勢など，その人の内面を映し出すと捉えられるため，社会人にとって大変重要視されます。身だしなみを整えると自分の気持ちも引き締まり，モチベーションを上げることにも繋がります。服装は身だしなみに影響を及ぼす要素の一つですが，近年では，働き方も多種多様になり「ビジネスといえば，必ずスーツで」ということは少なくなりました。金融機関などでもクールビズなど環境への配慮や多様性の観点から，正式にビジネスカジュアルスタイルを導入するなど選択肢が広がっています。どのような服装をするかは働く環境に合わせて，また職場ごとのルールに応じて対応するのが基本ですが，身だしなみに共通する最も重要なポイントは清潔感です。

　普段から身だしなみに気を配り，清潔にしている人がほとんどだと思います。ところが「自分は大丈夫」と思っている人でも，他者から見る

と必ずしもそうではない場合があるのです。清潔感とは，その人が他者に与える視覚からの印象が大きく影響します。つまり，清潔にしていることと，清潔感があることは異なるのです。

　心理学者の A. メラビアンと R. S. フェリスの研究（1967）では，お互いが対面で会話をする場面で，視覚から受ける情報が全体の55パーセントを占めることが明らかになっています。たとえば，きちんと洗濯をしているにもかかわらず，シワが目立つシャツを着ていたり，毛玉のついた服を着ていたりすると不潔な印象として受け取られます。毎日お風呂に入って清潔にしていても，その人を見た時に清潔感がないと，清潔にしていることは相手に伝わらないのです。

　このように，清潔感は身だしなみの印象を左右します。清潔にしていても，清潔感がない場合は周りからの印象が悪くなり，知らないうちに敬遠されてしまうことになりかねません。身だしなみは，清潔感を第一に考えて整えるようにしましょう。表21は清潔感を下げるポイントです。身だしなみを整える際に，各項目をチェックしてみてください。自分で気がつけていない箇所は，家族や信頼できる人からアドバイスを受けてみてください。

表21　清潔感を下げるポイント

箇所	マイナスポイント
髪	伸びっぱなしの髪，寝ぐせ，フケ，枝毛などの傷み
メイクアップ	メイクアップの崩れ，場に相応しくないメイクアップ
ひげ	ひげの剃り残し，無精ひげ
眉	伸びっぱなしの眉
鼻	処理できていない鼻毛
爪	伸びすぎた爪，ネイルがはげた爪
服	襟や袖口の汚れ，服のほころびや毛玉，服のシワ
靴，鞄	靴の汚れ，靴の傷み，汚れや傷んだ鞄

（出所）筆者が作成

❷お辞儀の仕方と挨拶

　お辞儀は，挨拶をする時や相手への敬意，感謝を表わす時に行う動作です。お辞儀の語源は「その時の状況に合わせる」という意味の「時宜」であるといわれます。語源が意味するように，単に頭を下げる形だけのお辞儀では相手に自分の気持ちは通じません。シチュエーションや相手の状況に合わせて，相手に対する敬意や感謝の心をお辞儀という形に表す気持ちで行います。

　まず，土踏まずに重心を置き，腕は体に沿って自然に下ろし，両足をつけてまっすぐに立ちます。この時，背筋が曲がっていないことと，あごが上向きに浮いていないことに気をつけます。そこからゆっくりと頭を下げながら腰を折り曲げ上体を倒します。この状態で静止して1，2と数え，スッと頭を持ち上げ上体を起こし，再び正しい姿勢でまっすぐに立ちます。お辞儀の形には，図20のように「会釈」「敬礼」「最敬礼」があり，それぞれに腰を折り曲げる角度が変わります。社内や学内で人とすれ違った時，一日に何度も会う人には①の会釈をします。基本となるお辞儀は②の敬礼です。来客の送迎時や面接時の着席前後に挨拶する時などに行います。最も敬意を表す時のお辞儀は③の最敬礼で，謝罪や重要な場面で行います。お辞儀をした時に，首だけを下げて背中が曲がっている，姿勢の悪いお辞儀は見苦しいものです。そのほかにも，何度も頭を下げたり上目づかいになったりしないように気をつけて行います。お辞儀と同時に大切なのが挨拶です。128ページの表22では，好印象の挨拶と印象の悪い挨拶の要素を示しています。挨拶は，人に会った時に一番はじめに交わすため，初頭効果に影響を及ぼす可能性があります。初頭効果とは，最初の情報で全体の印象が形成され，あとから得た情報を最初の印象に合うように意味を変えたり打ち消したりする心理効果で，アメリカの心理学者S.アッシュが提唱した理論です。はじめに強く印象づけられたことは，後々まで影響を及ぼすことがわかっています。

挨拶ができる人は，相手に対する敬意を持っている人と認識されます。挨拶をする時のポイントは次のとおりです。

> ・自分から積極的に挨拶をする
> ・笑顔で挨拶をする
> ・相手とアイコンタクトをして挨拶をする
> ・仕事をしながら，作業しながらの"ながら挨拶"をしない

　挨拶には，同時礼と分離礼という方法があります。シチュエーション別にこの2つを使い分けると，ワンランク上の挨拶ができます。挨拶と同時にお辞儀をするのが同時礼です。日常的に会う人には「お疲れさまです」などの挨拶と同時に会釈をする同時礼が好印象です。挨拶をしたあとでお辞儀をするのが分離礼です。採用面接や重要なクライエントとの商談などでは，はじめに「よろしくお願いいたします」などの挨拶をしたあとでお辞儀をする分離礼が信頼を得ます。表23はビジネスシーンでよく使われる挨拶の例です。参考にしてみてください。

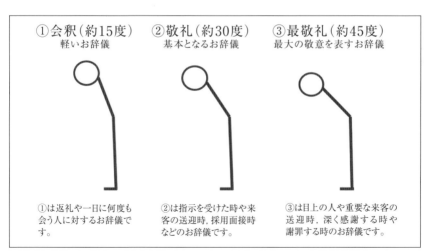

① 会釈（約15度）
軽いお辞儀

② 敬礼（約30度）
基本となるお辞儀

③ 最敬礼（約45度）
最大の敬意を表すお辞儀

①は返礼や一日に何度も会う人に対するお辞儀です。

②は指示を受けた時や来客の送迎時，採用面接時などのお辞儀です。

③は目上の人や重要な来客の送迎時，深く感謝する時や謝罪する時のお辞儀です。

図20　お辞儀の形　(出所) 筆者が作成

表22　好印象の挨拶と印象の悪い挨拶の要素

好印象の挨拶	印象の悪い挨拶
・自分から先に挨拶する ・アイコンタクトをする ・笑顔（シチュエーションに応じた表情） ・明るい声（シチュエーションに応じた声） ・適度な声の大きさ ・適度なスピード ・相手に体を向ける	・何かをしながらの"ながら挨拶" ・視線が定まらない，視線を外す ・無表情 ・ニヤニヤする ・無言で軽く頭を下げるだけの挨拶 ・聞き取りにくい小さい声 ・早口，またはゆっくりすぎるスピード ・相手に体を向けない

表23　ビジネスシーンでよく使われる挨拶の例

ビジネスシーン	挨拶の例
出社した時	「おはようございます」
退社する時	「お先に失礼します」
退社する人に対して	「お疲れさまでした」
外出する時	「○○の件で，○○に行ってまいります」
外出先から戻ってきた時	「ただいま戻りました」
外出する人を見送る時	「行ってらっしゃい」
外出した人が戻ってきた時	「お帰りなさい」
訪問者に対して	「お世話になっております」 「いらっしゃいませ」
訪問先から帰る時	「貴重なお時間をいただきまして，ありがとうございました」
お世話になった時	「ご尽力を賜りまして，ありがとうございました」

（出所）表22，表23ともに筆者が作成

好印象の表情

　人から笑顔で挨拶されると，自然と自分も笑顔で挨拶を返しますよね。人は，無表情で何を考えているのかわからない相手に不安を抱くものですが，笑顔は人に安心感を与えます。対人関係において，笑顔の人は他者からの「支援したい」という意欲を高めることが示唆されています。このように，表情は人との関係を円滑に進める大切な要素ですが，気をつけないといけないのが，言葉の内容と表情が一致していない場合です。たとえば謝罪の際に，ニヤニヤしながら「申し訳ありません」と述べても反省していることが伝わらないばかりか，違和感や不信感を抱かれてしまいます。

　第5章の3節で解説していますが，言語情報と非言語情報に矛盾がある場合，人は非言語情報を優先します。A.メラビアンらの研究では，最も優先されるのが視覚情報で全体の55パーセントを占めることを明らかにしています。自分の表情と言葉の内容が一致していることに加えて，もう一つ大切なのは，相手の表情と自分の表情が一致していることです。相手が嬉しそうな表情をしている時に，こちらの表情が暗いと相手に共感していることは伝わりません。

　会話の時に，自分がどんな表情をしているのか客観的に見る機会は少ないため，わからないという人もいると思います。自分の表情が不安だという場合は信頼できる人にお願いして，その人との会話の様子を録画し確認してみてください。

　表情筋を使っていないと，自分では気づかないうちに無表情になり，普通にしているつもりが不機嫌に見えて，会話の相手に「何か不愉快なことがあったのだろうか」「何か自分に失礼な点でもあったのだろうか」と心配をかけてしまいます。特に口のまわりの口輪筋が衰えると，口角が下がってしまう場合があります。自分の表情が気になる人は，「イー」と発音する時のように口角を上げて，口輪筋を鍛える練習をしてみてください。

好印象の視線の置き方

　よく「目は心の鏡」といわれますが，特に視線はコミュニケーションで重要な役割を担っています。人と話をしている時，会話が中断してお互いが無言になったり，次の話題がはじまるまでに間があったり，言葉でのコミュニケーションが行われていない時間が存在します。しかし，会話がない時間でも，視線の動きなどから情報は発信され続け，人はその情報で相手の心の内を読み解こうとします。

　視線の役割は多く，会話の交代時期の調整や相手の反応の確認，自分の意思や感情の表出，お互いの関係性の提示などがあります。また，相手を見る注視時間や視線の固定度合いなどで，好き嫌いなど感情の程度を伝達します。ところが，相手と親密になりたいからといって，相手の目を凝視してしまうと威圧感を与えてしまいます。とはいえ，相手から視線を逸らしたまま会話をすると，疎外感を感じさせてしまいます。このように，人は視線の動きを敏感に感じ取るため，円滑な人間関係を築くうえでとても重要なのです。

　対面している人との会話で目の置き場に困ったら，図21の左図のように相手の左右の眉と鎖骨あたりを上下にして，左右のこめかみと結んだ四角形の範囲内を，視線を泳がせないように見ます。至近距離での会話で，相手の目を見るのは気が引けるという場合は，右図のように左右の眉と鼻先を結んだ三角形の範囲内を柔らかい視線で見ます。こうすると，自然な視線で相手とのコミュニケーションが可能です。

向かい合っている人の四角形の範囲内を、キョロキョロせずに見ます。

至近距離の場合は、三角形の範囲内を柔らかい視線で見ます。

図21　対面時の視線の置き方　（出所）筆者が作成

2 | 敬語の適切な使い方

◎敬語の種類と使い方

　ビジネスシーンやあらたまった場所など，あらゆる場面に必要となるのが敬語です。敬語とは，話題の中心人物や話をする相手に対して敬意を示す表現です。自分と相手との社会的な立場や役割を明確にし，相互に尊重し合える環境をつくる役割があります。

　敬語は尊敬語，謙譲語Ⅰ，謙譲語Ⅱ，丁寧語，美化語の5つの種類に分けて考えることができます。尊敬語は，相手を自分より高く置いた言い方です。一方で謙譲語は，自分を相手より低く置いた言い方です。いずれも相手に対する敬意を示す表現で，対象となるのはコミュニケーションの相手のほか，会話や文章に出てくる人に対しても使います。また丁寧な表現で，相手への敬意を示す敬語が丁寧語です。言葉に接頭語の「お」や「ご」をつけることで，美化して表現することを美化語といいます。原則として「お花」「お話」のように訓読みの和語には「お」をつけ，「ご住所」「ご尽力」のように音読みの漢語には「ご」をつけますが，何にでもつければいいというわけではありません。一般的には役職や公共物，自然現象，外来語などには用いないなど，一定の法則があるため使い方に気をつけることが必要です。

　表24に敬語の5つの型と使い方の例を解説しました。敬語は，用いる人が相手への気持ちを表すメッセージとして重要な働きをするため，間違った使い方をするとお互いの関係を低下させてしまう可能性があります。どんな場面でも円滑なコミュニケーションが行えるように，普段から実践して敬語に慣れておきましょう。また，ビジネスシーンでよく使われる表現について表25にまとめましたので，参考にしてみてください。

表24 敬語の種類と使い方

敬語の種類	敬語の使い方
尊敬語	相手や第三者を立てて表現する敬語。相手の行為やものごと，状態について，以下の3種類があります。 ・行為などの動詞，動作の名詞 例：来る⇒いらっしゃる ・ものごとなどの名詞 例：名前⇒お名前 ・状態などの形容詞 例：忙しい⇒お忙しい
謙譲語Ⅰ	自分側から相手や第三者に向かう行為やものごとについて，その人を立てて表現する敬語（伺う・申し上げる型） この場合は，自分側の行為やものごとに「お」「ご」をつけても問題ありません。 例：お客様を案内する⇒お客様をご案内する
謙譲語Ⅱ	自分側の行為やものごとについて，相手に対して丁寧に表現する敬語（参る・申す型）。 名詞に「小」「拙」「弊」「愚」をつけて謙譲語Ⅱとして使うものがあります。 例：私がします⇒私がいたします 例：自社⇒小社，弊社
丁寧語	相手に対して「です」「ます」「ございます」をつけて丁寧に表現する敬語。 例：いつもありがとう⇒いつもありがとうございます
美化語	ものごとを美化して表現する敬語。一般的には役職や公共物，自然現象，外来語などには用いません 例：花⇒お花　住所⇒ご住所　×お道路　×お台風など

（出所）筆者が作成

表25　ビジネスシーンでよく使われる表現

内容	普通の表現	よく使われる表現
承諾する時	わかりました	かしこまりました 承知いたしました
できない時	できません	いたしかねます
意見を聞く時	どうしますか	いかがでしょうか いかがなさいますか
本人の不在時	いません	席を外しております
謝る時	すみません	申し訳ございません
時間	いま，さっき，これから	ただいま，先ほど，今後
年月日	おととし，今日，あさって	一昨年，本日，明後日
方向	こっち，あっち，そっち	こちら，あちら，そちら

（出所）筆者が作成

🌀よくある間違い敬語

　なんとなく知っていても，正しい使い方がいま一つわからないことも多いのが敬語です。誤っていることに気づかずに普段使っていることが多いのは，2つの敬語を重ねて使う二重敬語です。また「尊敬語と謙譲語を間違えて使う」「誤った接客敬語を使う」「身内に敬語を使う」などもよくある敬語の間違えです。以下に間違った敬語の使い方と正しい敬語の使い方を解説しましたので，自分が使っている敬語が正しいかどうか確認してみてください。

◆「おっしゃられる」と「おっしゃる」
　×　先生がおっしゃられました。
　○　先生がおっしゃいました。
　「おっしゃる」は「言う」の尊敬語であるため，「られる」という尊敬語と併用すると二重敬語になるため誤りです。

◆「□□社長様」と「□□社長」

　　×　□□社長様がいらっしゃいました。

　　○　□□社長がいらっしゃいました。

　肩書自体が敬語のため，肩書に「様」をつけるのは二重敬語になるため誤りです。

◆「いただく」と「くださる」

　　×　昨日□□先生にお越しいただきました。

　　○　昨日□□先生がお越しくださいました。

　「いただく」は謙譲語です。この場合，主語が「□□先生」なので「くださる」という尊敬語を用いるのが適切な表現です。

◆「存じる」と「存じ上げる」

　　×　ご活躍のことと存じております。

　　○　ご活躍のことと存じ上げております。

　対象が自分のものごとの場合は「存じる」を使い，立てる人の場合は「存じ上げる」と使います。

◆「～でいらっしゃる」と「～です」

　　×　かわいらしい犬でいらっしゃいますね。

　　○　かわいらしい犬ですね。

　動物に敬語は使用しません。「いらっしゃる」は「いる」の敬語なので「～です」を用います。

◆「お世話様です」と「お世話になっております」

　　×　部長の□□様にはいつもお世話様です。

　　○　部長の□□様にはいつもお世話になっております。

　挨拶でよく使われる「お世話様です」は，社外の人や目上の人には使いません。この場合は「お世話になっております」が適切な表現です。そのほか「ご苦労様です」という表現も，労苦へのねぎらいの言葉であるため，通常は目上の人には使わず，「お疲れ様です」という表現を使います。

次に解説するのは，接客時によく使われる間違った表現です。接客する人は以下の4つに気をつけて，間違いがないようにしましょう。

◆「～でよろしかったでしょうか」
　　×　ご注文は以上でよろしかったでしょうか。
　　○　ご注文は以上でよろしいでしょうか。

◆「～から」
　　×　一万円からお預かりします。
　　○　一万円お預かりします。

◆「～のほう」
　　×　ご住所のほうを教えていただけいただけますでしょうか。
　　○　ご住所を教えていただけますでしょうか。

◆「～になります」
　　×　おつりになります。
　　○　おつりです。

　敬語は状況に応じて，適切に使うことが重要です。敬語は身内か，身内以外に使うかによって異なります。自分の上司は尊敬語を使う対象であっても，社外の人には身内として謙譲語を使います。たとえば，図22のように社内で○○社長や○○部長と呼んでいる上司でも，社外の人には社長の○○，部長の○○，または名前だけで呼び敬称は使いませ

■社内の人に対して上司の話をする時
　　○○部長がいらっしゃいました。

■社外の人に社内の上司（身内）の話をする時
　　部長の○○が参りました。

図22　身内，身内以外での敬語の使い方　（出所）筆者が作成

ん。自称表現とは，社外の人に対して自分側のことを話す場合に使います。また他称表現とは，相手側のことを話す場合に使います。ビジネスシーンでは呼称を使い分けて表現します。以下の表26は自称表現と他称表現の例です。普段は，ほとんど使ったことがない言葉もあるかもしれませんが，使う場面に備えて参考にしてみてください。

表26　自称表現と他称表現

	自称表現	他称表現
個人	わたくし，こちら，小生	あなた様，そちら様，貴殿
複数人	わたくしども，一同	各位，ご一同様
会社	当社，小社，弊社	貴社，御社
団体	当会，小会，弊会	貴協会，貴会
店舗	当店	貴店
役職	当社（小社，弊社）社長	社長の○○様，○○社長
同行者	連れの者	お連れ様
誰	誰	どちら様，どなた様
父	父	お父様，お父上，ご尊父様
母	母	お母様，お母上，ご母堂様
息子	息子	息子さん，ご令息，ご子息
娘	娘	お嬢さん，ご令嬢，ご息女
氏名	氏名	ご芳名，ご貴名
努力	微力	ご尽力
意見	私見	ご意見，ご意向
授受	拝受	ご笑納，お納め
品物	粗品，寸志	お品物，ご厚志
訪問	ご訪問，お伺い	お越し，お立ち寄り

（出所）筆者が作成

3 ビジネス文書のマナー

◎文書作成のポイント

ビジネス文書や手紙には，特有の言いまわしがあります。頭語や結語，時候の挨拶，慶賀の挨拶，業務上の挨拶など，送る相手や内容，季節ごとの使い方があります。前文，主文，末文に沿って作成します。

前文	頭語，時候の挨拶，慶賀の挨拶，業務上の挨拶
主文	「さて」「ところで」「このたびは」などの書き出しで，主文に入る
末文	結びの挨拶，結語

◆頭語，結語，時候の挨拶

頭語は，はじめに書く言葉で，結語は結びに書く言葉です。頭語に合わせた結語を用いるのが一般的です。時候の挨拶は頭語のあとに続きます。季節ごとの言葉があり，文書や手紙を送る季節に合わせて用います。

ビジネス文書には，季節を問わず年中使える「時下」を用いる場合もあります。表27は頭語と結語の例，表28は時候の挨拶の例です。

表27 頭語と結語の例

	頭語	結語
一般的な場合	拝啓	敬具
あらたまった場合	謹啓	謹言
略式の場合	前略	草々
急ぎの場合	急啓	草々
返信する場合	拝復	敬具
再送する場合	再啓	敬具

（出所）各種の資料から筆者が作成

表 28　時候の挨拶の例

月	和風月名	挨拶の例
1月	睦月	新春　迎春　小寒　大寒　寒冷　厳寒　降雪 寒い日が続きますが
2月	如月	晩冬　余寒　立春　向春　早春　梅花　紅梅 梅のつぼみもふくらみはじめ
3月	弥生	雪解　早春　春分　浅春　春暖　春雨　春風 ようやく春めいてまいりました
4月	卯月	陽春　仲春　春和　春眠　麗春　惜春　暮春 野山も春らしくなり心地よい季節となりました
5月	皐月	新緑　万緑　若葉　青葉　薫風　向暑　立夏 風薫る清々しい今日このごろですが
6月	水無月	初夏　入梅　梅雨　長雨　小夏　薄暑　向夏 雨が続く毎日ですが
7月	文月	盛夏　仲夏　大暑　厳暑　酷暑　猛暑　三伏 太陽がまぶしい季節となりました
8月	葉月	残暑　晩夏　処暑　暁夏　暮夏　残炎　早涼 厳しい暑さが続いておりますが
9月	長月	初秋　早秋　新秋　爽秋　仲秋　秋冷　秋色 日増しに秋らしくなってまいりました
10月	神無月	秋晴　秋涼　秋晴　秋月　秋雨　仲秋　紅葉 日ごとに秋も深まってまいりました
11月	霜月	晩秋　季秋　向寒　霜秋　深秋　深冷　夜寒 枯葉が舞い散る季節となりましたが
12月	師走	初冬　寒冷　師走　厳寒　歳末　初雪　新雪 今年も数える日がわずかとなりましたが

各月の上段の挨拶の例は「〜の候」「〜の折」「〜のみぎり」のいずれかと繋げます。

（出所）各種の資料から筆者が作成

⁂社外文書の基本

　社外文書は，取引先やクライエントなど，社外の人に送る文書のことです。ビジネスでの取引や交渉に関する文書と，社交に関する文書があります。社外文書の種類は表 29 に示しました。社外文書には基本の書き方があります。よく使われる文言を 140 ページの表 30-1，表 30-2，表 30-3 にまとめましたので，参考にしてみてください。基本的な構成を覚えると，さまざまな場面に応用が可能です。

表 29　社外文書の種類

取引，交渉などに関する文書	
通知書	案内などを伝える文書
申込書	新規取引などの申込みの文書
注文書	商品などを注文する文書
請求書	支払いなどを求める文書
承諾書	依頼や交渉を承諾する文書
照会状	問い合わせをする際の文書
依頼状	要件を依頼する文書
催促状	支払いなどを再請求する文書
取消状	注文や取引を取り消す文書
詫び状	謝罪する際の文書
社交に関する文書	
招待状	催しなどに招待する文書
慶弔状	慶事や弔辞の際の文書
推薦状	推薦する際の文書
紹介状	紹介する際の文書
挨拶状	転任などの挨拶の際の文書
礼状	お礼の文書
見舞状	災害や病気見舞いの文書
年賀状	年始の挨拶状
暑中見舞い	暑中の挨拶状
残暑見舞い	残暑の挨拶状

（出所）各種の資料から筆者が作成

表 30-1　前文・慶賀の挨拶によく使われる文言の例

・「貴社におかれましてはますますご清栄のこととお慶び（お喜び）
　申し上げます」
・「皆様にはますますご健勝のこととお慶び（お喜び）申し上げます」
・「皆様におかれましてはますますご繁栄のことと存じます」

（出所）筆者が作成

表 30-2　前文・業務上の挨拶によく使われる文言の例

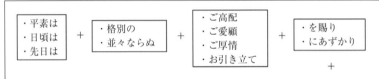

・「平素は格別のご高配を賜り厚くお礼申し上げます」
・「日頃は格別のご愛顧にあずかり誠にありがとうございます」
・「先日は並々ならぬお引き立てにあずかり深謝申し上げます」

（出所）筆者が作成

表 30-3　末文・結びの挨拶によく使われる文言の例

・「まずは謹んでご挨拶申し上げます」
・「まずはお礼かたがたご挨拶申し上げます」
・「まずは略儀ながら書中をもちましてご挨拶申し上げます」
・「皆様のご健勝をお祈り申し上げます」

■社外文書・案内状（横書き）の例

┌───┐
│   ①○○年○月○日 │
│ ②株式会社○○   │
│   代表取締役　□□□□様   │
│   ③○○株式会社   │
│   ○○部　○○○○   │
│ ⑤   │
│ ┊   ④新製品展示会のご案内   │
│ ▼   │
│ 拝啓　新緑の候　貴社におかれましてはますますご清栄のことと │
│ お慶び申し上げます。平素は格別のご高配を賜り誠にありがとう │
│ ございます。   │
│ ┌─▶さて、このたび弊社では新製品の展示会を開催する運びとなりま │
│ │ した。　つきましては、下記の通り開催いたしますのでぜひご来場を │
│ │ 賜りますようお願い申し上げます。   │
│ │   ご多忙の折とは存じますが、まずは書面にてご案内申し上げます。 │
│ │   ⑧敬具   │
│ ⑥   ▲   │
│ ┊   ⑦   ⑨記   │
│ │   日時　○○年○月○日（木）　13時〜17時 │
│ │   場所　○○ホテル○○の間   │
│ │   ⑩以上   │
└───┘

（出所）筆者が作成

①発信年月日

　文書を発信する年月日を記載します。

②宛名

　受信者を記載します。組織名は略さず正式名を記載します。組織名宛
の場合は「組織名＋御中」，特定の個人宛の場合は「組織名＋役職名＋
個人名＋様」です。複数の人に送る場合は「各位」を使います。

③発信者名

　発信者を記載します。組織名は略さず正式名を記載します。必要に応

じて社印の押印，住所や電話番号，メールアドレスなどを記載します。

④件名

　内容が一目で見てわかるような題名をつけます。題名は若干大きめの文字で記載します。

⑤前文

　頭語，時候の挨拶，慶賀の挨拶，業務上の挨拶の順に記載します。

⑥主文

　「さて」などの起こし言葉から主文を記載します。

⑦末文

　結びの挨拶となる文章を記載します。

⑧結語

　頭語に合わせた結語を記載します。

⑨別記

　主文の内容のほかに日時や場所など重要な内容を書き添える場合は，別記に箇条書きで記載します。

⑩最終結語

　別記を記載した場合は，右下に「以上」と記載して締めくくります。

🌀手紙のマナー

　手紙は，タイミングを逃さずに出すことが大切です。筆記用具は毛筆や万年筆，ボールペンを使います。ただしボールペンは，かしこまった場合には使用しない方がよいでしょう。インクの色は黒かブルーブラックが一般的です。万が一間違えた場合は，修正液は使用せず書き直します。

　手紙を出す場合，個人宛と会社宛では敬称が異なります（表31）。受取人に合わせて使い分けましょう。また，重要な内容や急ぎの手紙，同封物がある場合などは，表32に示したような内容を手紙に表示します。注意するポイントは次の3点です。

①会社名は略さず正式名を書く

会社名は（株）と略さず正式名を記載します。また，宛名は「○○株式会社御中　○○様」などと敬称を重複しないように注意しましょう。

②切手の金額は間違いのないように貼る

切手の金額は間違えないように貼りましょう。また，少額の切手を何枚も貼るのは見苦しいため，できるだけ１枚で収まるように貼ります。

③封筒のマナーに注意する

封筒には一重のものと二重のものがあります。正式には二重封筒を使用しますが「重なる」を連想させるため弔事には使用しません。封をする時はホッチキスやセロハンテープは使用せず，のりでしっかりと貼りましょう。

表31　敬称の使用例

敬称の例	用途
～様	個人に出す場合
～御中	企業，役所，団体，学校などに出す場合
～先生	教師，医師，弁護士など特定の個人に出す場合
～各位	複数の個人に出す場合
～様方　～様	送付先の世帯主の名字と受取人の名字が異なる場合

（出所）筆者が作成

表32　手紙の内容表示の例

表示の例	内容
親展	宛名に記載された本人以外が開封することを禁じる
重要	重要な手紙であることを意味する
至急	届いたらすぐに開封して対処してもらう
○○在中	写真在中，資料在中，履歴書在中など同封物を示す

（出所）筆者が作成

■お礼の手紙の例（縦書き）

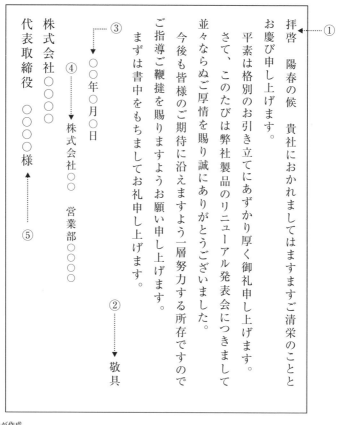

拝啓　陽春の候　貴社におかれましてはますますご清栄のこと
お慶び申し上げます。

平素は格別のお引き立てにあずかり厚く御礼申し上げます。

さて、このたびは弊社製品のリニューアル発表会につきまして
並々ならぬご厚情を賜り誠にありがとうございました。

今後も皆様のご期待に沿えますよう一層努力する所存ですので
ご指導ご鞭撻を賜りますようお願い申し上げます。

まずは書中をもちましてお礼申し上げます。

敬具　②

①

③　〇〇年〇月〇日

④　株式会社〇〇　営業部〇〇〇〇

株式会社〇〇〇〇

代表取締役　〇〇〇〇様　⑤

（出所）筆者が作成

　縦書きの場合は宛名を文末に書きます。お礼状は出す時期が遅くなら
ないように，送るタイミングに気をつけましょう。

①頭語：はじめに「拝啓」などの頭語を記載します。

②結語：頭語が「拝啓」の場合は結語の「敬具」を記載します。

③日付：発信年月日を記載します。

④署名：やや小さめに記載します。

⑤宛名：縦書きの場合は，文末の上方にやや大きめに記載します。

■縦書き封筒の宛名の書き方の例

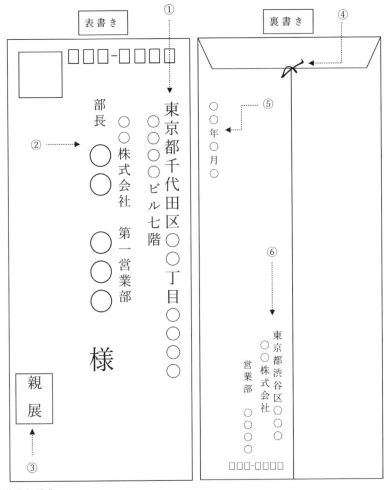

（出所）筆者が作成

①表書きの住所

　表書きの住所は，できるだけ１行に収まるようにバランスを考えて，郵便番号の右端の枠にそろえて記載します。ビル名などで２行になる場合は，１行目の住所より少し下がったところから書きはじめます。住所

が長い場合は2行で書きますが，その場合に番地の途中で改行しないように気をつけます。番地などの数字は漢数字で記載します。

②宛名

相手の社名は，住所より少し下がったところから書きはじめます。会社名は略さず，正式名を記載します。役職名は氏名の上，または右上にやや小さめに記載し，氏名は中央に大きめに記載します。

③内容表示

内容によって，左下に「親展」「重要」「至急」「○○在中」などと記載をするか印を押します。

④封締め

封をのりで閉じた後「確かに封をしました」という意味の「〆」と書きます。あらたまる場合は「封」と書きます。また「緘」や「締」などの印を押す場合もあります。婚礼などの慶事には「寿」，祝いごとや祭りごとの慶事には「賀」を使う場合もあります。

⑤日付

漢数字でやや小さめに記載します。

⑥差出人

封筒の中心線の左側に差出人の会社の住所と会社名，差出人の氏名を記載します。または，中心線の右側に差出人の会社の住所と会社名を記載し，中心線の左側に差出人の氏名を記載します。

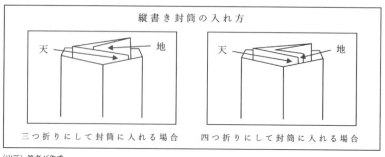

縦書き封筒の入れ方

天　　　　　地　　　　　　　　　天　　　　　地

三つ折りにして封筒に入れる場合　　四つ折りにして封筒に入れる場合

（出所）筆者が作成

4 社会人として求められる対応力

適切な相談と報告の仕方

　ハインリッヒの法則とは，H. W. ハインリッヒが明らかにした法則で「1件の重大な事故の背景には，29件の軽微な事故と，300件の事故には至らなかった問題が存在する」というものです。重大な問題を起こさないためには，300件の事故には至らなかった問題を放置せず，これらを少しでも減らす意識を持つことが大切です。

　普段からあらゆる仕事の場面において，業務上のミスやトラブルが起こらないよう気をつけなければならない一方で，起こってしまった問題に対してどう対応するかということが重要であり，速やかな対応力が求められます。

　組織で仕事をしている場合は，情報を共有することが必要です。自分がミスしたことの発覚を恐れて黙っていると，ますます状況を悪くします。重大なミスやトラブルは，速やかに上司に相談したうえで対処法を検討します。相談する時は「どうすればいいですか」と，上司に丸投げするのではなく，状況を把握したうえで自分なりの対処法を考えて相談します。相談する時のポイントは，以下を参考にしてください。

ミスやトラブルを相談する時のポイント

・何が問題か，どんなミスやトラブルが生じたかなどを明確にして，自分なりの対処法を考えて相談します。

・内容によって相談相手を選びます。業務上の問題であれば直属の上司に相談します。

・自分だけの都合でなく相手の都合を考えて，相談する時は簡潔に質問し，相談した相手に結果は必ず報告します。

図23は，重大な問題が起こった時の報告の経緯について，基本の対応と不適切な対応です。ミスやトラブルを起こしてしまうと，発覚を恐れて報告が後回しになってしまいがちですが，起こった時にどう対応するかで，のちに被る損害の程度が変わります。組織の損失を最小限にとどめるために，正確な情報を早急に上司に報告し，問題を共有することが重要です。

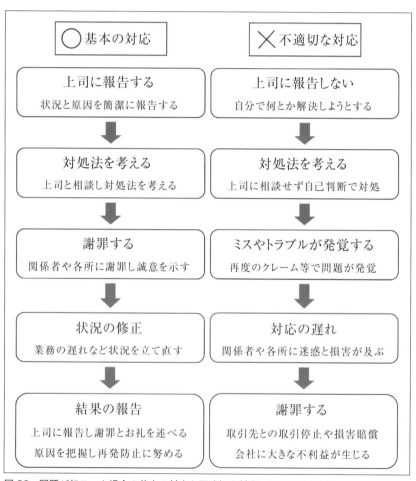

図23　問題が起こった場合の基本の対応と不適切な対応　　(出所) 筆者が作成

❀クレームを受けた時の対応

　仕事をしていると，クレームを受けることがあります。クレーム対応の基本は，こちらから先に言い訳や反論をせず，まず相手の言い分を最後までしっかり聴くことです。クレームを受けた時は嫌な気持ちになるものですが，トラブルを放置せず迅速に対応するようにします。

　人がクレームを入れる背景として「注文した商品が届かない」「注文した商品と違うものが送られてきた」など，本人が困っている場合，「送られてきた商品が壊れていた」など，本人が不利益を受けた場合，商品やサービスに改善点などの意見を述べたい場合などが考えられます。また，クレームの内容によって，明らかにこちら側のミスの時もあれば，お客様側の誤解や思い違いなどの場合もあります。以下は対応の手順です。クレーム内容を冷静に聴いて対処法を提案します。

> ①謝罪する―相手を不快にさせたことに対して謝罪します。
>
> 例：「不快な気持ちにさせてしまい、申し訳ありませんでした」

> ②内容を聴く―相手の言い分をしっかり聴いてクレーム内容を把握します。
>
> 例：「弊社の商品が期日に届いていないのですね」
>
> 例：「弊社の商品に不備があったということですね」

> ③対処法を提案する―クレームに対して相手が納得でき、対処できる内容を提案します。
>
> 例：「確認して、すぐに商品を手配いたします」
>
> 例：「代わりの商品をお送りいたしますが、いかがでしょうか」

🌀謝罪に活用できる「マイナス・プラス法」とは

　マイナス・プラス法とは，マイナスの内容をはじめに，プラスの内容を文末にする伝え方です。みなさんは，次のA，Bにどのような印象を持ったでしょうか。

> A：あのシャンプー，すごくいいけど値段は高いよね。
> B：あのシャンプー，値段は高いけどすごくいいよね。

　Aは，文末の「値段が高い」というマイナスの印象が残り，一方でBは，文末の「すごくいい」というプラスの印象が残りませんでしたか？同じシャンプーでも，Aの会話相手は値段が高いシャンプーという認識になりますが，Bではすごくいいシャンプーという認識になります。このように，プラスの内容で会話を終えたほうが，ものごとがポジティブに伝わるのです。このようなマイナス・プラス法を謝罪する時に活用すると，話がプラスの内容で終わることで相手に嫌な気持ちを長引かせずに，謝罪を受け入れてもらいやすいというメリットがあります。

　トラブルが起こった時は，原因を相手のせいにしたり自分の言い分を正当化したりせず，まずは真摯に謝罪します。代替案などを提示し，問題が解決したら，謝罪の言葉だけで終わらず「今後ともよろしくお願いいたします」という，前向きなプラスの内容で締めくくります。そうすると全体としてよい印象になり，代替案なども受け入れてもらいやすくなります。また，この言葉にはお客様との関係を今後も続けたい，二度とこのようなことがないように気を引き締めるという，深く反省している意味が込められています。

　同じものごとでも伝え方で伝わり方が変わり，人が受ける印象が変わります。言葉を単に情報を伝えるものとしてではなく，気持ちを運ぶものとして考えると言葉の選び方が変わり，その言葉の使い方によって人の心が動き，ものごとの結果が変わってきます。

❀指示や依頼は明確に伝える

人は，自分がわかっていることは，相手も同じようにわかっていると思い込んでしまいがちです。わかっていることを前提に指示や依頼を出してしまうと，伝わっていると思っていることが正しく伝わっておらず，業務に支障が生じることにもなりかねません。

さまざまな人と仕事を進めるうえで「知っているだろう」「わかっているだろう」とか，「気を利かせてほしい」などと自分本位で考えてしまうと，お互いの認識の違いから齟齬が生じる可能性があります。行き違いを防ぐために，指示や依頼は5W3Hを使って具体的に伝えることが大切です。

5W3HとはWhen（いつ），Who（誰が），Where（どこで），What（何を），Why（なぜ），How to（どのように），How many（数量），How much（金額）の頭文字から名づけられた確認事項のことです。

表33は5W3Hをまとめた表です。5W3Hの各項目を確認することで，間違いを防ぐことができます。自分が指示や依頼をする場合も，受ける場合も5W3Hに沿ってメモを取る習慣をつけ，復唱することも忘れずに行いましょう。

表33　指示と依頼に欠かせない5W3H

When	いつ	打ち合わせの日時，開催日時など
Who	誰が	担当者の氏名，顧客の氏名など
Where	どこで	開催場所，集合場所など
What	何を	打ち合わせの内容や用件など
Why	なぜ	仕事の目的や方針など
How to	どのように	仕事の方針や手段など
How many	数量	参加人数や商品の数量など
How much	金額	予算や経費など

（出所）筆者が作成

🍃会議での発言の仕方

　会議は大別すると，問題発見や問題解決を目的として行われる場合，報告などで情報共有を目的とする場合，アイデアを出し合うことを目的とする場合，スキルの向上を目的とする場合などがあります。目的に応じて，営業会議や企画会議などの会議名がつけられています。

　実りのある会議にするためには，会議での発言の仕方に気を配ることが大切です。自分の意見を押し通したり，反対意見に感情的に反論したり，相手の発言中にかぶせて発言したりすることは，会議が円滑に進まない原因となってしまいます。会議での発言の仕方と聴き方は，以下を参考にしてください。

会議での発言の仕方と聴き方

■発言の仕方

・発言する時は「よろしいでしょうか」と挙手をして，議長の許可を得て話しはじめます。

・反論する場合は「そうですね」「そのような考えもありますね」と，いったん相手を受け入れてから自分の意見を述べます。最後に「いかがでしょうか」と，相手の意向を伺います。

■聴き方

・他の人が発言している時は，発言者に視線を向けて必要な箇所でうなずくなど，関心を示した態度で話を聴きます。

・質問や意見がある場合でも，発言者の意見を遮らず最後まで聴き，質疑応答の時間で発言します。

　会議では，いつも同じ人が発言しがちです。自分の考えはあるのに，発言者に圧倒されたりタイミングを逃してしまったりして，会議での発言に苦手意識を持っている人は少なくありません。

　会議で発言することが苦手という人に，苦手意識を解消する一つとし

て，スムーズに発言できる「カットイン」という方法があります。カットインは，人の話を遮ることなく，話している人の息継ぎのタイミングで発言します。人の発言が終わるのを待っていてタイミングを逃してしまったり，発言するかしないか迷っているうちに次の議題に移ってしまったりなど，会議中に発言ができなかったという事態の解消に，カットインを活用してみてください。

　カットインのコツは次の4つです。
①発言者の話が一段落しそうなタイミングを見計らいます。
②発言者が息を吸う直前に的を絞ります。
③素早く大きめの声で「よろしいでしょうか」「今のお話ですが」などの声をかけます。
④声かけに続き，自分の名前と所属先が必要な場合は伝え，自分の意見を述べます。

　発言者の呼吸のタイミングをつかむのが難しいと感じるかもしれませんが，カットインに慣れてくると，会議で発言できないという苦手意識が解消されていきます。
　カットインは自分が発言する時だけでなく，会議でファシリテータをする時にも活用できます。発言が長い人に話を切り上げてもらわないといけない場合，いつのタイミングで話を切り上げてもらうか悩むところです。このような時は発言者の息継ぎのタイミングで「申し訳ございません，お話の途中ですが」などの声をかけます。続いて「もう少しお話を伺いたかったのですが，そろそろ時間になりましたので」「貴重なお話ですが，時間が少なくなってきましたので」などと伝えます。発言者に，もう少し話を聴きたいのだけれど残念ながら……という気づかいの言葉で伝えると，相手の気を悪くさせずに話を終わらせてもらえます。
　会議で発言することは，自分の考えを理解してもらえる大切な機会と考えて，カットインを活用して発言してみましょう。

第9章

オンラインコミュニケーションスキル

1 | オンラインコミュニケーションとは

◎オンラインコミュニケーションの特徴

　働き方が多様化し，以前のように誰でもが会社のオフィスにいるわけではなくなりました。テレワークが広がり，在宅勤務やサテライトオフィスでの勤務，モバイル勤務，ワーケーションなど，さまざまな場所で仕事を行うことが可能になっています。テレワークとは「tele= 離れたところで」と「work= 働く」を合わせた造語で，ICT（Information and Communication Technology）を利用して，場所や時間を有効に活用できる柔軟な働き方のことを指します。ICT の C はコミュニケーションの頭文字です。これからはリアルのコミュニケーションに加え，ICT を利用して情報交換するだけでなく，相手とよい関係を築き継続させていくことが不可欠です。

　新型コロナウイルスの感染拡大を契機に，Zoom などのビデオコミュニケーションツールの使用頻度は格段に増えました。これらは，リアル

の対面時と違い「感情が伝わりにくい」「意思疎通が難しい」などの問題が生じやすいといわれます。リアルの対面時には，相手のちょっとした表情や視線，しぐさの変化，声の調子などから読み取っていた情報が，オンラインコミュニケーションではわかりづらいということも，不安や悩みが生じやすい原因の一つとなっています。また，メールやチャット，電話などは利便性がある一方で，相手の顔が見えないため誤解が生じた場合にリカバリーが難しいという点があげられます。

　それぞれのコミュニケーションツールを用いる場合には，リアルで対面する時と異なるコミュニケーションスキルが必要です。ここでは，コミュニケーションのうち，オンラインコミュニケーションツールを利用した際のコミュニケーションを，オンラインコミュニケーションと呼びます。さらに利用するツールの特性により，ビデオコミュニケーション，ボイスコミュニケーション，テキストコミュニケーションに分けて考えます。多様なコミュニケーションツールに対応するために，どんなことを身につければよいのか見ていきましょう。

❀ツールに応じた伝え方が必要

　オンラインコミュニケーションでは，パソコンのモニターや電話，メールなどのツールを通してコミュニケーションを行い，相手との心理的な距離を縮めていかなければなりません。直接会って話をするのではないため，伝え方を意識しないと伝えたいことが上手く伝わらず，相手とのコミュニケーションギャップを埋めることができません。

　オンラインコミュニケーションでは「印象をよくする」「相手に共感する」「わかりやすく伝達する」という，印象・共感・伝達が重要なポイントです。この3つはリアルのコミュニケーションでも重要ですが，オンラインコミュニケーションでは，それぞれのツールの特性に応じて対応できるスキルが必要です。各ツールに必要な知識とスキルについて，次に解説していきます。

2 ビデオコミュニケーションの知識とスキル

❀ビデオコミュニケーションとは

　新型コロナウイルスの感染拡大により，特に Zoom などのビデオコミュニケーションツールは会議や商談，就職の面接試験，大学ではオンライン授業など広く使われるようになりました。

　ビデオコミュニケーションは，ビジネス面で生産性の向上やコストの削減，災害時での事業継続や多様な人材の活用ができます。また，学生にとっては遠隔で授業が受けられるなど，多くのメリットがある一方で，リアルの対面時と比べ人間関係を構築しにくいなどの不安を持つ人が多いのも事実です。

　ビデオコミュニケーションは，モニターを通して映像と音声でコミュニケーションが行われます。つまり視覚，聴覚，触覚，嗅覚，味覚という人間の5つの感覚機能のうち，視覚と聴覚の2つで意思疎通をしなければなりません。また，それぞれのカメラで撮影された映像が，オンラインで繋がっている相手のモニターに投影されるわけですが，リアルの対面時のように視線や体の向きで特定の人に発言を促したり，会話をコントロールしたりすることが困難です。基本的に正面の顔を中心に上半身しか見えないので，リアルと同じような対応では本意が伝わらないことが生じます。ビデオコミュニケーションでは「モニターを通して伝える力」が対人関係を左右します。そこで，ポイントとなるのが次の2点です。

①モニターを通して伝わる映り

　モニターにどう映るか，背景も含めて自分の映りを常に意識します。

②モニターを通して伝わる声

　声のトーンや声の大小，活舌，口調に気を配り，モニターを通して正確に伝わる話し方を常に意識します。

ビデオコミュニケーションでは，遠方に住んでいる人や多忙で訪問の時間が取れない人とでも，モニターを通して会うことができ，条件が合えば回数を増やすことも可能です。人は，一度も会ったことがない相手より，何度も会ったことがある相手には警戒心が薄れ，好意が増すことが研究でわかっています。これは「何度も会うと好感度が上がり，信頼感が増す」というR.B.ザイアンスが提唱した心理効果で，ザイアンスの法則と呼ばれています。

　コミュニケーションの方法が多様化した現代では，リアルで一度も対面したことがない人と，ビデオコミュニケーションで人間関係を築いていくことも必要とされます。そんな場合でも，ビデオコミュニケーションの回数を増やすと相手を知る機会が増え，お互いが共通点を発見することができるので，よりよい関係を構築できる可能性が高まるのです。

◎ビデオコミュニケーションの身だしなみ

　テレワークでは，上司や同僚などがいない場所で仕事をして目標を達成し成果を上げていかなければなりません。そのためには，セルフマネジメント力が不可欠です。とはいえ日常生活をしている場で業務をしなければならないわけですから，モチベーションを保つことは大変です。ビデオコミュニケーションに慣れてくると「このぐらいは大丈夫だろう」と思いがちですが，第一印象が重要であることはリアルと同じです。

　服装は，身につける人の意図を相手に伝える働きがあり，コミュニケーションと深く関わります。服装の選び方しだいで，相手とのコミュニケーションの質が左右されます。また，身だしなみを整えることは，相手に対する敬意を表すことでもあります。仕事とプライベートというオンとオフを切り替えて，たとえ自宅でも仕事の場合は身だしなみを整え，仕事用の服装に着替えることでモチベーションが保てます。身だしなみで大切な清潔感については，第8章の1節で解説していますので参考にしてみてください。

◉モニター映えする服の色とは

　仕事用の服を選ぶ時に，知っておくと役立つのが色の心理効果です。それぞれの色には特性があります。たとえば，ブルーは涼しげな印象をもたらし，オレンジは温かい印象をもたらします。色は人から見た印象だけでなく，着る人にも作用を及ぼします。実際に寒色系の色の服を着ると体温が下がったり，暖色系の服を着ると体温が上がったりします。また心を鎮静させたり，活動的にしたりという働きもあります。このように，人の心理に多くの影響を及ぼしている色ですが，モニター映えする色とそうでない色があります。ビデオコミュニケーションでは，テレビ局のスタジオのようによほど照明で明るくしない限り，モニターの映りは暗くなりがちで本来の色が再現されにくい環境です。このような環境下では，明度の高い色の服がおすすめです。

　たとえば，ネイビーは信頼を得る色なのでビジネスシーンには万能色といわれますが，モニターではリアルで見るより黒に近い色に映ってしまいがちです。赤と比べて7メートルも後ろに下がって見える後退色のため，参加人数が多いオンライン会議などでネイビーのスーツを着用する場合は，進出色の白や明るい色のシャツやインナーを合わせたコーディネートで，適度な存在感を出すのがよいでしょう。後退色と進出色については，図24を参考にしてください。表34は色の心理効果をまとめたものです。シチュエーションに応じて活用してみてください。

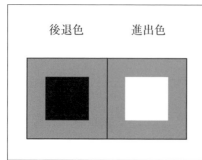

| 後退色 | 進出色 |

左の図は，後退色と進出色の例です。後退色は黒や青系の色，明度の低い色です。進出色は白や赤系の色、明度が高い色です。

2つの色が等しい距離にある場合，後退色は進出色より後ろに後退して見えます。後退色は収縮色に，進出色は膨張色に対応しています。

図24　後退色と進出色　（出所）筆者が作成

表34　色の心理効果

色	心理効果
ネイビー	誠実で信頼感がある印象を与えます。 目上の人との会議など，さまざまなビジネスシーンにおいて使いやすい色ですが，参加人数が多いオンライン会議では明度の高い色とのコーディネートで，適度な存在感を出すように調整しましょう。
ブルー	知性を感じさせ，堅実で礼儀正しい印象を与えます。 ネイビーより明度が高く，モニターの顔映りをよく見せるため，ビデオコミュニケーションの際に重宝な色です。
グレー	上品で洗練された印象の一方で，控えめな印象を与えます。 大勢の中で人を埋没させ存在感を消す色なので，目立ちたくない時や謝罪する時に向く色です。
ベージュ	緊張感が緩和され柔らかな印象を与えます。 反感を買いにくい色なので，注意を促したり，厳しいことを伝えたりする時に向く色です。
ブラウン	堅実で落ち着いた印象を与えます。 人から嫌われにくい色なので，さまざまなビジネスシーンに有用です。童顔の人が年齢を高く見せたい時にも使えます。
レッド	活力があり情熱的な印象を与えます。 人目を引き関心を集中させる色なので，目立ちたい時に向きます。ビジネスシーンでは小物に取り入れるのがおすすめです。
ホワイト	清潔感がある印象を与えます。 ただし，ビデオコミュニケーションの際に，背景も白，服も白一色のコーディネートにしてしまうと，モニター画面が味気なくなります。背景が白の場合は，白と他の色の服を組み合わせると好印象です。

（出所）各種の資料から筆者が作成

❀服装は錯視の効果を活用する

　ビデオコミュニケーションは，上半身の服の選び方で印象が左右されます。錯視の効果を活用して服を選ぶと，自分の見せたい印象に導くことが可能です。錯視とは目の錯覚のことで，周囲の対象に影響されて実際と異なって見えることです。みなさんも「ボーダーの服はストライプの服より太って見える」「白や黄色の服は太って見える」「黒い服は痩せて見える」などは聞いたことがあると思います。

　印象を変えたい時にすぐできる方法として，錯視の効果を服のネックラインに活用するのがおすすめです。図25は，Vネックとラウンドネックの印象の違いです。全体的にすっきり見せたい時やフェイスラインをすっきりと見せたい時は①のVネックを選択し，全体的に柔らかな印象に見せたい時やフェイスラインをふっくらと見せたい時は②のラウンドネックを選択します。

　図26は，図25と同じ錯視の効果をアクセサリーや襟のデザインに応用したものです。自分の見せたい印象に合わせて活用してみてください。

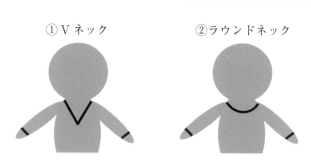

①Vネック　　　　②ラウンドネック

　①のVネックは首が長く見えるので，全体的にすっきりした印象に見えます。②のラウンドネックは首元が詰まっているため，全体的に柔らかな印象に見えます。自分の希望する印象に合わせて①または②のデザインを選択します。

図25　錯視の効果をネックラインに活用した印象変化　（出所）筆者が作成

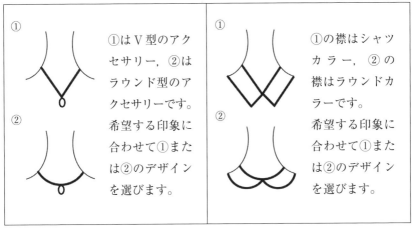

①は V 型のアクセサリー，②はラウンド型のアクセサリーです。希望する印象に合わせて①または②のデザインを選びます。

①の襟はシャツカラー，②の襟はラウンドカラーです。希望する印象に合わせて①または②のデザインを選びます。

図26　錯視の効果をアクセサリーと襟のデザインに活用した例　（出所）筆者が作成

🌀背景にも気を配る

　自宅でビデオコミュニケーションツールを使う時は，背景も含めて自分の印象になることを心得ておきましょう。背景に生活感を感じさせると緊張感が失われ，物が多く乱雑な部屋がモニターに映ると，相手は話の内容より背景に気をとられてしまいます。事前にカメラを起動して背景がどのように映るか確認し，映ってほしくないものは片づけて部屋の整理整頓をしておきましょう。

　ビデオコミュニケーションに相応しい場所がない場合は，バーチャル背景を利用するのも一つの方法です。バーチャル背景では，服の色と背景の色が似ている場合や背景が一色にならない場合は，人物の体の一部が透明に映るなど画像が乱れてしまいます。背景はできるだけ単色にして，服の色は背景と別の色を選びましょう。どうしても背景が単色にできない場合は，数千円ほどで家電量販店や通販サイトで購入できる，グリーンバックなどの背景布を使うときれいに映ります。また，同僚との気軽なミーティングで，手持ちの写真を背景に使いたい場合は，自分の姿とかぶらないように中心にポイントがない写真を選ぶとよいでしょう。

共感はカメラ目線で伝える

　お互いの意思疎通にアイコンタクトは欠かせないものです。ところがビデオコミュニケーションでは，モニターを通しての会話のため，リアルのようにアイコンタクトができません。アイコンタクトの代わりに，自分側のカメラを見ることで相手に目線を送らなければならないため，いつ，どんな時にアイコンタクトをすればいいのか，タイミングに戸惑うことがあります。

　ビデオコミュニケーションでもアイコンタクトは，重要なことを主張したり相手の話を聴いていることを知らせたりする大切な役割があります。ビデオコミュニケーションに慣れていないと，終始モニターに映った相手の顔を見て会話をしてしまいがちですが，重要な場面ではカメラ目線でアイコンタクトを送る必要があります。ビデオコミュニケーションのアイコンタクトのコツは，①モニターに映る相手の表情を確認しながら，②相手の話を聴く時には優しいまなざしで時々カメラの周辺を見て共感を示し，③「ここは重要」という場面でカメラ目線を送ります。ビデオコミュニケーションでのアイコンタクトは，慣れていないと難しいと感じるかもしれませんが，考え方を変えるとカメラを見るだけで，複数人と同時にアイコンタクトをすることが可能です。大人数の場合は，むしろリアルより簡単かもしれません。

　カメラ映りで考慮したい点は，モニターのカメラの位置で相手に送る目線の印象が変わることです。上からの映像は，常に下を向いているような目線で目の下に影が出やすくなり，疲れた印象に映る可能性があります。また下からの映像は，常に上を向いているような目線になり，フェイスラインが強調されてしまうことがあります。理想のカメラの位置は，自分の目線とカメラが同じ高さにあることです。外付けのウェブカメラの場合は，スタンドで高さを調節しておきます。ノートパソコンの内蔵カメラの場合は，パソコンを台の上にのせて高さを調節したり，椅子の高さを調節したりするなど事前に調整しておきましょう。

◎説明は「ハンドジェスチャー」をプラスする

　ビデオコミュニケーションでは，具体的に数字などで説明することが重要です。主観的な表現はわかりづらく，リアルのように相手が気を利かせてくれることは期待できないため，客観的に示す必要があります。

　説明を補う場合に役立つのがハンドジェスチャーです。人の手指への注目度は，他の体の部位に比べて多いといわれています。これは人間の進化の過程で脳の機能が発達し，手先が器用になり道具を使えるようになったことに由来します。古代から人が生きていくためには，相手が自分の生命を脅かす武器などを手に持っていないか，いち早く察知する必要がありました。このようなことから，人は相手のわずかな手の動きを見逃さないよう，手指に注目するようになったといわれています。

　ハンドジェスチャーを使う時の注意点ですが，相手のモニターには，基本的に顔を中心として上半身しか映っていないため，相手から見える範囲を考えて効果的に使います。以下はハンドジェスチャーを使う時の例です。

◆数を示す場合に使う

　「1つ目はこの案です」「ポイントは2つです」など，指で1，2というように数を示します。

◆大きさを示す場合に使う

　説明の際に「長さは20センチ程度です」「約直径10センチの円です」など，両手で20センチ程度の長さを「ここからここまで」というように示したり，約10センチの円を空中に描いたりして示します。

◆気持ちを強調する場合に使う

　「感動しました」「応援しています」など，気持ちを強調する場合は，言葉と同時に胸に手を当てる，ガッツポーズをするなどで示します。

　説明する時に，言葉と合わせてハンドジェスチャーを取り入れると，より人の印象に残ります。ビデオコミュニケーションでは，視覚に訴えかけることでより相手に伝わりやすくなります。

◎ビデオコミュニケーションと心理的安全性

　心理的安全性とは，A.エドモンドソンにより「チームにおいて，他のメンバーが自分の発言を拒んだり，罰を与えたりすることがないと確信できる状態」と定義されています（1999）。エドモンドソンは，心理的安全性が低下する4つの要因と行動特性を次のように示しました。1つ目は無知です。無知だと思われないかという不安があると，積極的な発言がためらわれます。2つ目は無能です。無能だと思われないかという不安があると，問題に向き合えずトラブルの発覚を恐れたり，報告ができなかったりします。3つ目は押しつけがましくないかという不安です。このような不安があると，提案などの発言を控えたりします。4つ目は否定的でないかという不安です。このような不安があると，意見することができなくなってしまいます。

　H.B.ブラッドリーらの研究（2012）では，大学の授業で学生がチームで課題を行う際に論争や衝突があった場合でも，心理的安全性が高い場合は効率が下がらず，むしろ高められることが示唆されています。ビデオコミュニケーションツールを利用したオンライン会議では，意見を述べたり議論をしたりする機会が多くあります。会議では，ともすると発言が乏しくなったり，一部の人だけが発言したりという状況になりがちです。心理的安全性とは職場やチームの特徴とされますが，会議の場においても参加メンバーが安心して話ができるように，次の点に配慮することが必要です。。

◆相手と違う意見でも即座に反論しない

　「それは違います」「その案には反対です」と即座に反論すると，相手は自分の意見が述べられなくなってしまいます。たとえ相手の意見に反対でも「そのような案もありますね」といったん受け入れ，そのあとで自分の意見を述べます。

◆忙しい状況でも即座に否定的な発言をしない

　たとえ忙しい状況でも，即座に「できない」「わからない」などの否

定的な発言は避けます。いますぐ手が回らない場合でも「本日の午後から別の会議の準備があるため，終わり次第取り掛かりますがいかがですか」など，代替案や改善策を考えて伝えます。

　心理的安全性が共有されたメンバー間では，活発な意見交換ができるためコミュニケーションが円滑に進みます。課題を遂行する効率を高めるためには，メンバー全員が安心できるよう配慮し，ビデオコミュニケーションでの発言が他のメンバーから不利益を与えられないことを，メンバー間で共有することが重要です。

3 ｜ ボイスコミュニケーションの知識とスキル

◉ボイスコミュニケーションとは

　ボイスコミュニケーションは，固定電話やスマートフォンの電話，通話アプリなどを使って声のみで行うコミュニケーションのことです。双方に時間差がなく，リアルタイムでコミュニケーションができるメリットがある一方で，相手の顔が見えない環境のため，同じ内容でも声や口調しだいで思いがけず悪い印象を持たれてしまうデメリットがあります。

　ボイスコミュニケーションの場合，相手に与える印象は声のトーン，質，ボリュームなどが影響します。また，話すスピードや口調も印象に影響を与えます。声で印象を悪くする要因は，声のトーンが暗い，声が小さい，活舌が悪い，きつい口調などです。声のトーンを上げたい場合は，ドレミファソの「ソ」を意識して話すと普段より声のトーンが上がります。また，口の開け方が小さいと声が小さくなったり，声がこもったりしがちです。声が小さい，こもりがちだという人は，口の周りの表情筋である口輪筋を鍛えることで口の動きがよくなります。活舌が悪いと感じている場合は，姿勢をよくすることで改善に繋がります。声や活舌，口調の印象を表35にまとめましたので参考にしてみてください。

表35　声・話し方の印象

声・話し方	印象
声のトーン	トーンが高いと明るい，さわやかなどの印象，低いと落ち着き，信頼，誠実などの印象です。謝罪は低めのトーンで，雑談などは高めのトーンが好印象です。
声のボリューム	声が小さいと自信がない印象ですので，適度な声のボリュームを心掛けましょう。声にメリハリをつけ，伝えたい言葉を強調すると印象づけることができます。
声の質	なめらかな温かみのある声が好印象です。
話すスピード	早口はせっかち，ゆっくり話すと大らかな印象です。
活舌	活舌が悪いと頼りない印象です。ボイスコミュニケーションでは，ハキハキ話すと聴き取りやすく，テンポよく話すと好印象です。
口調	柔らかで優しい口調が好印象です。

（出所）各種の資料から筆者が作成

　電話の対応次第では，個人の印象だけでなく，会社全体の印象にまで影響を及ぼす可能性があります。電話対応で配慮するのは次の3点です。

①相手を待たせない

　かかってきた電話は素早く取ります。待たせてしまった場合は「お待たせいたしました」と一言添えます。

②「もしもし」を使わない

　一般的に，ビジネスシーンで電話を受けた場合は「お世話になっております。株式会社○○でございます」などを使用します。

③声や話すスピード，口調に配慮する

　声のトーン，質，ボリューム，話すスピード，口調に配慮して，話の内容や相手の感情に合わせて臨機応変に対応します。

電話の受け方

　電話は顔が見えない条件でのコミュニケーションなので，苦手意識を持つ人も少なくありません。電話を受ける場合は「誰からの電話なの

か」「どのような内容なのか」を正確に聴き取ります。すぐに回答でき
ない場合は次のように対応します。

資料を調べて回答する場合
「お待たせして申し訳ありません。ただいまお調べして折り返しご連絡いたしますがよろしいでしょうか」と，相手の了解を得て，調べたあとで電話をかけ直します。
用件がわかる担当者に代わる場合
相手の質問に答えられない場合は「わかりません」と言って電話をすぐ切るのではなく，「大変申し訳ありません。わたくしではわかりかねますので，担当者からご連絡いたしますがよろしいでしょうか」と伝え，相手の了解を得て回答できる担当者から電話をします。

　電話を受けた時に，クレーム電話だったという場合もあるでしょう。
クレーム電話では，相手の言い分を否定したり，自分の主張を押し通し
たりすると相手を不快にさせてしまいます。さらに，電話を保留にした
まま相手を長時間待たせる，担当者間でたらい回しにする，横暴な態度
や無言で対応するなどは，事態をますます悪化させてしまいます。
　クレーム電話を受けた場合は，相手の話を最後まで聴いて真摯な態度
で対応することが重要です。しかし，中には相手の勘違いや相手が理不
尽な要求をしてきたり，相手の怒りが収まらなかったりというケースも
考えられます。このような場合の対応の仕方は表 36 にまとめています。

表36　ケース別クレーム電話対応の仕方

ケース	対応法
相手の勘違い	相手のプライドを傷つけないよう配慮しながら冷静に対応し，相手の理解を促します。
相手の理不尽な要求	理不尽な要求に応えてはいけません。相手に寄り添う姿勢を見せながらも，要求に応えられないことを終始伝えます。
相手の怒りが収まらない	解決策を提示しても相手の怒りが収まらない場合は，日をあらためて話し合いの機会を設けることを提案します。

(出所) 各種の資料から筆者が作成

◎電話のかけ方

　電話をかける前に，メモ用紙とペンを必ず用意します。用件を簡潔に
まとめ，説明に必要な資料を準備しておきます。相手の忙しい時間帯や
昼休みを避けるなど，電話をかける時間を考慮します。相手が電話に出
たら「○○会社○○部の○○と申します。いつもお世話になっておりま
す」と，自分の社名や団体名，部署名，氏名を告げ挨拶します。電話を
切るタイミングは，相手が目上の場合は相手が切ってから自分があとで
切ります。そうでない場合は，電話をかけた方から先に切ります。

◎「電話が苦手」を克服するポイント

　仕事をする場合，電話が苦手だからといって避けて通ることはできま
せん。オフィスで仕事をする場合は電話を人に取り次ぐ機会も多く，そ
の場合に「どう対応していいのかわからない」「相手に失礼があったら
どうしよう」などの不安を感じてしまいがちです。このような不安が，
電話が苦手という原因になっていることが多いのです。電話に対する不
安を解消する方法は，メモを取ることです。「誰からの電話か」「誰宛の
電話か」「どのような内容か」という点を正確に聴きとり，5W3H（第8
章4節参照）に沿ってメモを取ります。

電話・伝言メモの例
○○株式会社○○部○○様より
○○年○月○日（午前 / 午後）　○時○分
・（　）電話があったことを伝えてほしい
・（　）電話をしてほしい
・（✓）再度先方から電話をかけ直す
伝言内容
○○株式会社○○部の○○様からお電話がありました。再度先方からお電話をするとのことです。よろしくお願いいたします。
○○が電話を受付ました

（出所）筆者が作成

電話を受けた時は，内容を確認するために必ず復唱します。電話を取り次いだ場合は「○○が承りました」と名乗ります。何の準備もなく，やみくもに電話に出ると不安が増すばかりで，いつまでも苦手意識が解消できません。

以下のポイントを押さえて，電話対応のシミュレーションやロールプレイングで練習してみてください。電話に出ているうちに，少しずつ苦手意識が解消し電話に慣れてくるはずです。

◆誰からの電話なのか確認する

電話の相手が誰なのか，社名，部署名，氏名を確認し復唱します。

◆誰宛の電話なのか，どのような内容なのかを確認する

誰宛の電話で，誰に取り次ぐかを確認し用件を復唱します。

◆担当者が電話中の場合

「申し訳ございません。○○はただいまほかの電話に出ています。終わり次第○○からご連絡差し上げるよう伝えますが，いかがでしょうか」と伝えます。

◆担当者が席にいない場合

「申し訳ございません。○○はただいま席を外しております。○分（○時間）後には戻る予定ですが，折り返し○○からご連絡差し上げるよう伝えますが，いかがでしょうか」と伝えます。

4 ┃ テキストコミュニケーションの知識とスキル

◉テキストコミュニケーションとは

テキストコミュニケーションは，ツールがインストールされていて，ネットワーク環境があれば，場所を選ばず文字だけでスピーディーな情報共有が可能です。テキストコミュニケーションツールには，表37の種類があります。フォーマルな内容を伝えるのか，それともカジュアルに情報だけを伝えるのか，相手や使用目的によって使い分けます。

表37　テキストコミュニケーションの種類

メール	ビジネスシーンには，なくてはならないツールです。送信履歴が残るため，社内でフォーマルな内容を伝える時やクライエントとの連絡に使用します。
ビジネスチャット	リアルタイムで複数の社内メンバーと気軽にコミュニケーションすることが可能です。プロジェクトごとにグループチャットを作成することもできます。
グループウェア	スケジュール管理や掲示板，ファイルの共有などがワンパッケージになっている便利なツールです。社内のグループで情報共有がスムーズにできます。
社内SNS	ビジネスチャットと同様に，社内での気軽なコミュニケーションが可能です。組織のコミュニケーションの活性化に繋がります。

（出所）各種の資料から筆者が作成

　テキストコミュニケーションでの注意点は，特に取引先などへ送ったメールの場合，すぐに相手が見てくれるとは限らないことです。重要な用件や緊急の場合は，相手にメールを送ったことを電話連絡しておくなどの配慮が必要です。また前述しましたが，文字でのやり取りは感情の程度が伝わりにくいという特性があります。そのため，注意を促す時や厳しいことを伝えなければいけない時は，思った以上に強く伝わってしまうことが少なくありません。このような場合はテキストコミュニケーションツールではなく，表情やしぐさなどで感情も同時に伝えることができる，ビデオコミュニケーションツールを使用するのがよいでしょう。テキストコミュニケーションは利便性がある一方で，感情の程度が伝わりにくいため，文章中の言葉の使い方や説明の仕方などで正しく伝えることを意識しなくてはなりません。スムーズにやり取りするポイントは次のとおりです。

◆自分が用件を送る時

・伝えたい内容を整理して，シンプルな文章で伝えるように心掛けます。ただしシンプル過ぎて，ストレートに表現しすぎるときつい印象になる

ため，言葉の使い方には注意を払いましょう。

・最後までじっくり読まなければわからない文章は，忙しい相手に負担をかけます。結論から述べることで，最も言いたいことがはじめに相手に伝えられます。

・結論だけ伝えて終わりでは，相手はなぜそうなったのか理由がわからず，返事のしようがありません。結論と理由を合わせて記載します。

・機種依存文字は使用しないように注意します。

◆自分が用件を受けた時

・相手からの用件を読み終わったら，できるだけ早く返信します。受け手の反応がないと「何か気を悪くさせたのではないか」と，送り手を不安にさせてしまいます。すぐに返信できない内容は，受け取ったことを早急に伝え「後日お返事いたします」などの表現で返信します。

・親しい間柄でも，一言だけの返事では相手にそっけなさを感じさせてしまいます。たとえば「了解です」とだけ返事をするよりも「了解です。ありがとうございます」と，一言添えると受け取った相手の印象はよくなります。用件に加え相手への感謝の言葉などを添えましょう。

🐚社外メール作成のポイント

　メールは文章や動画，写真を送信できる便利なツールです。自分の都合に合わせて，一度に複数の相手に送信することができます。ただし，文面によっては，自分の思いとは逆に誤解されてしまうことがあります。一度送信してしまうとデータはずっと残ってしまうため，送る前に確認して誤送信のないように注意を払うことが重要です。以下は社外メールの文章作成の流れ，図27は社外メールの例です。メールはクライエントとの連絡に頻繁に使うため，基本の書き方を身につけておきましょう。

書き出し	頭語，時候の挨拶は不要です。
主文	自己紹介に続いて，簡潔に用件をまとめて記載します。
末文	結びの挨拶で締めくくります。

宛先：○○○ @ ○○ co.jp
CC/BCC
件名：製品カタログ発送の件 ① }

○○株式会社
○○部　○○○○様

いつもお世話になっております。
株式会社□□販売部の○○○○です。
このたびは弊社の○○製品カタログをご請求いただき
誠にありがとうございました。
○○製品カタログを下記の通り発送いたしました。
●カタログ番号　○○○ - ○○○
●発送日　○月○日
●到着日　○月○日

今後ともどうぞよろしくお願い申し上げます。 ② }

株式会社□□　販売部○○○○
〒○○○ - ○○○○
東京都○○区 1-5
TEL：○○ - ○○○○ - ○○○○
FAX：○○ - ○○○○ - ○○○○
E-mail：○○@○○○ .co.jp
URL：http:// ○○○○○ .co.jp ③ }

図27　社外メールの例　（出所）筆者が作成

①宛先，件名

　送り先のメールアドレスを間違いのないよう入力します。頻繁にやり取りする相手のメールアドレスは，アドレス帳に登録しておきます。件名は一目で内容がわかるように工夫し，会社名と自分の名前も加えると誰からのメールかわかりやすく，相手に負担をかけません。

　複数の相手にメールを送りたい時は，CC または BCC を利用します。CC は送信先全員のアドレスが表示され，BCC は送信先全員のアドレスは表示されません。用途に応じて使い分けます。

②本文

　本文のはじめに送り先の会社名，部署名，氏名を記載します。手紙のような頭語，時候の挨拶は不要です。「いつもお世話になっております」などの挨拶から書き出します。続いて自己紹介をします。レイアウトを考えて，用件を簡潔に記載します。「今後ともどうぞよろしくお願い申し上げます」「引き続きよろしくお願いいたします」などの挨拶で締めくくります。スマートフォンを使う場合は途中で改行せず，パソコンを使う場合は，1 行あたり 30 ～ 35 文字で改行します。

③署名

　文末には署名を入れます。会社名，氏名，住所，電話番号，FAX 番号，メールアドレス，会社の公式サイトの URL などの連絡先を入力しておくと，相手が連絡したい時に役立ちます。

　メールを利用する場合は，1 メールにつき 1 用件が基本です。別の要件の場合は別のメールで送信します。絵文字などは使わずに，ビジネスに相応しい言葉遣いを心掛けましょう。送信する際には，送信先に間違いがないか，相手の会社名や氏名などに間違いがないか，誤字脱字がないか，添付資料などの漏れがないかを最終確認します。

　常に相手の立場に立って行動すると人との関係が円滑に進み，周囲から必要とされる人になるでしょう。

◎引用・参照文献一覧

◎Arthur, M.B. & Rousseau, D.M. (1996) *The boundaryless careeer:A new employment principle for a new organization era*, Oxford University Press.

◎ Bell,A.P.,Supre,D.E.,&Dunn,L.B. (1988) *Understanding and implementing career theory:A case study approach*, Counseling and Human Development,20(8),1-20.

◎Bower,S.A.,&Bower,G.H. (2004) *Asserting Yourself-Updated Edition:A Practical Guide For Positive Change*, Da Capo Lifelong Books ;Updated.

◎Bradley, B. H., Postlethwaite, B. E., Klotz, A. C., Hamdani, M. R. & Brown, K. G. (2012) "Reaping the benefits of task conflict in teams: the critical role of team psychological safety climate," *Journal of Applied Psychology*, 97(1), 151.

◎デイヴィス，マーク・H（1999）『共感の社会心理学——人間関係の基礎』菊池章夫訳，川島書店

◎ Edmondson, A.(1999) "Psychological safety and learning behavior in work teams," *Administrative Science Quarterly*, 44(2), 350-383.

◎エリス，A.／ハーパー，R.A.（1981）『論理療法——自己 説得のサイコセラピイ』北見芳雄監訳，國分康孝・伊藤順康訳，川島書店

◎ Forbes, R. J. & Jackson, P. R. (1980) "Non-verbal behaviour and the outcome of selection interviews," Journal of Occupational Psychology, 53(1), 65–72.

◎Frey, C. B., & Osborne, M. A. (2013) "The Future of Employment: How Susceptible are Jobs to Computerisation?," Oxford Martin School Working Paper.

◎ガロ,カーマイン (2010)『スティーブ・ジョブズ脅威のプレゼン——人々を惹きつける 18 の法則』井口耕二訳，外村仁解説，日経 PB 社

◎Grotberg, E. H. (2003) "What is resilience? How do you promote it? How do you use it?" In E. H. Grotberg (Eds.), *Resilience for today: Gaining strength from adversity*, Westport, CT: Preager Publishers, 1–29.

◎Hall,D.T. (2002) *Careers in and out of organizations,* Thousoud Oaks, CA:Sage.

◎原岡一馬（1990）『人間とコミュニケーション』ナカニシヤ出版

◎平岩久里子（2018）『共に生きるためのキャリアプランニング——ダイバーシティ時代をどう生きるか』ナカニシヤ出版

◎平木典子（1993）『アサーション・トレーニング［三訂版］』金子書房

◎Holland, J. L., Whitney, D. R., Cole, N. S., & Richards, J. M. (1969) "An empirical occupational classification derived from a theory of personality and intended for practice and research," *ACT Research Reports*, 29, 22.

◎クランボルツ, J.D.／レヴィン, A.S.（2005）『その幸運は偶然ではないんです！—— 夢の仕事をつかむ心の練習帳』花田光世・大木紀子・宮地夕紀子訳，ダイヤモンド社

◎國分康孝（1980）『カウンセリングの理論』誠信書房

◎寿マリコ（2017）『新社会人のためのビジネスマナー講座』ミネルヴァ書房

◎寿マリコ（2022）『心地いい人がしている、人づきあいに役立つ習慣術』ぱる出版

◎Krumboltz, J.D. & Levin, A.S.（2004）*Luck is No Accident: Making the Most of Happenstance in Your Life and Career*, Impact Publishers.

◎Krumboltz, J.D.（2009）"The Happenstance Learning Theory," *Journal of Career Assessment*, 17, 135-154.

◎Luft, J. & Ingham, H.（1955）The Johari Window: a graphic model for interpersonal relations, University of California Western Training Lab.

◎Masten, A., Best, K. M., & Garmezy, N.（1990）"Resilience and development: Contributions from the study of children who overcome adversity," *Development and Psychopathology*, 2, 425–444

◎Matarazzo, J. D., Saslow, G., Wiens, A. N., Weitman, M., & Allen, B. V.（1964）"Interviewer head nodding and interviewee speech durations," *Psychotherapy: Theory, Research & Practice*, 1(2), 54–63.

◎マズロー，A.H.（1987）『人間性の心理学——モチベーションとパーソナリティ改定新版』小口忠彦訳，産能大出版部

◎Mehrabian,A. & Ferris,S.R.（1967）"Inference of attitudes from nonverbalcommunication in two channels," *Journal of Consulting Psychology*, 31, 248-252.

◎Moorhouse, A., & Caltabiano, M. L.（2007）"Resilience and unemployment: Exploring risk and protective influences for the outcome variables of depression and assertive job searching," *Journal of Employment Counseling*, 44, 115–125.

◎宮城まり子（2015）『「聴く」技術が人間関係を決める』永岡書店

◎中村和子・杉田峰康（1984）『わかりやすい交流分析』株式会社チーム医療

◎日本経営者団体連盟教育特別委員会編（1999）『エンプロイヤビリティの確立をめざして——「従業員自律・企業支援型」の人材育成を』（日経連教育特別委員会・エンプロイヤビリティ検討委員会報告）日本経営者団体連盟教育研修部

◎レビット，セオドア（2002）『レビットのマーケティング思考法——本質・戦略・実践』土岐坤，DIAMOND ハーバードビジネスレビュー編集部訳，ダイヤモンド社

◎三宮真知子（2008）『学習力を支える高次認知機能』北大路書房

◎セリグマン，マーティン（2014）『ポジティブ心理学の挑戦』宇野かおり監訳，ディスカヴァー・トゥエンティワン

◎Super,D.E.（1981）"A developmental theory:Implementing a self-concept," In D.H.Montross & C, J.Shinkman(Eds.), *Career development in the 1980s:Throry and practice*, Springfield,IL:Charler C.Thomas, 28-42.

◎Super,D.E.（1984）"Career choice and life development," In D.Brown & L.Brooks(Eds.), *Career choice and development*, San Francisco,CA:Jossey-Bass.

◎Super,D.E.（1990）"A life-span,life-space approach to career development," In D.Brownb & L.Brook(Eds.), *Career choice and development:Applying contemporary theories to practice*, San Francisco: Jossey-Bass,197-261.

◎高階利徳（2015）「大学生のレジリエンスと就職活動に関する研究」『経済情報学研究』85, 1-30.

◎高橋美保・石津和子・森田慎一郎（2015）「成人版ライフキャリア・レジリエンス尺度の作成」『臨床心理学』15, 507-516.

◎Titchener, E.B.（1990）*Lectures on the experimental psychology of thought- processes*, New York,NY:Macmillan.

◎津村俊充・山口真人編（2005）『人間関係トレーニング』ナカニシヤ出版

◎渡辺三枝子編著（2018）『新版キャリアの心理学 ［第2版]』ナカニシヤ出版

◎ワツラウィック, ポール／ウィークランド, ジョン・H／フィッシュ, リチャード（1992）『変化の原理』長谷川啓三訳, 法政大学出版局

◎Wood, A. M., Linley, P. A., Maltby, J., Kashdan, T., & Hurling, R.（2011）"Using personal and psychological strengths leads to increases in well-being over time: A longitudinal study and the development of the strengths use questionnaire," *Personality and Individual Differences*, 50, 15-19.

◎山本寛（2014）『働く人のためのエンプロイアビリティ』創成社

◎ Zajonc, R. B.（1968）"Attitudinal effects of mere exposure," *Journal of Personality and Social Psychology*, 9(2, Pt.2), 1–27.

◎独立行政法人労働政策研究・研修機構 https://www.jil.go.jp/institute/seika/vrtcard/index.html（2022年10月31日最終アクセス）

◎経済産業省ホームページ https://www.meti.go.jp/（2022年10月31日最終アクセス）

◎厚生労働省ホームページ https://www.mhlw.go.jp/index.html（2022年10月31日最終アクセス）

◎日本経済団体連合会ホームページ https://www.keidanren.or.jp/policy/2018/110.pdf（2022年10月31日最終アクセス）

◎総務省ホームページ https://www.soumu.go.jp/（2022年10月31日最終アクセス）

おわりに

　時代の変化とともに，キャリアの選択は個人へと移行しており，自分のキャリアは自分の意志で，自分で決めていかなければなりません。これからの時代は，自分の人生のレールを誰かに決めてもらうのではなく，自分でレールを引いていくことが大切です。そのためには，変化する社会情勢を注意深く見ながら，こんな生き方がしたい，こんな仕事がしたいという自分軸を持ち，自分にとって幸せだと思える，自分が求める人生をイメージしていくことが重要です。

　アメリカの哲学者，ラルフ・ワルド・エマーソンが残した言葉に「To be yourself in a world that is constantly trying to make you something else is the greatest accomplishment.（絶えずあなたを何者かに変えようとする世界で，自分らしくいることは最大の偉業である）」というフレーズがあります。

　みなさんが学んだ知識を実践することで，成功したことも失敗したことも，経験や体験したことはすべて自分の強みという資産になり自分軸になります。社会情勢が変化し，一人一人の幸せの形が変わってきている現代は選択肢も多様化しています。みなさんがこれから出会う多くの選択肢の中から，自分の強みを生かして自由に選択し，自分らしい形に人生をつくっていってください。

　本書が，お読みくださったみなさんのかけがえのない人生を築いていくためのお役に立ち，未来への一歩を育んでいく一助になることができれば，これほどうれしいことはありません。

　最後になりましたが，本書を発刊するにあたりご尽力くださいました，ナカニシヤ出版第二編集部の石崎雄高さんに心よりお礼申し上げます。

寿マリコ

寿マリコ プロフィール

池坊短期大学教授

日本女子大学大学院人間社会研究科博士課程修了。勤務校ではコミュニケーションやビジネスマナー、プレゼンテーションなどのキャリア関連の科目を持つほか、就職活動の面接対策講座を行っている。企業や官庁関連機関でもビジネスマナー講座や就労支援講座を行っている。また、心のケアや社会復帰のためのメンタルヘルスに関する活動や、外見印象などのノンバーバルコミュニケーションに着目し研究に取り組んでいる。

著書に『好印象で面接に勝つ！就活メイク講座』（ミネルヴァ書房）、『新社会人のためのビジネスマナー講座』（ミネルヴァ書房）、『心地いい人がしている、人づきあいに役立つ習慣術』（ぱる出版）がある。

VUCA 時代をよりよく生きるための
キャリア形成とコミュニケーションスキル

2023 年 4 月 22 日　初版第 1 刷発行　　定価はカバーに表示してあります

著　者　　寿　マリコ

発行者　　中西　良

発行所　　株式会社ナカニシヤ出版
　　　　　〒606-8161　京都市左京区一乗寺木ノ本町15番地
　　　　　　　　　　　電　話　　075－723－0111
　　　　　　　　　　　FAX　　　075－723－0095
　　　　　　　　　　　振替口座　01030－0－13128
　　　　　　　　　　　URL　　http://www.nakanishiya.co.jp/
　　　　　　　　　　　E-mail　iihon-ippai@nakanishiya.co.jp

落丁・乱丁本はお取り替えします。ISBN978-4-7795-1700-6
©Kotobuki Mariko 2023 Printed in Japan
装丁　草川啓三
印刷・製本　ファインワークス